가족에게 받은 상처를 치유하는
다정한 심리 처방

# 애쓰지 않으려고 애쓰고 있어요

쉬하오이 지음 · 정세경 옮김

학고재

# 표현,
# 고통을 해결하는 근본적인 방법

이 책을 쓰면서 문체를 깊이 고민했다. 결국 이렇게 일기와 편지의 중간쯤 되는 형식을 택한 건 사람의 마음을 설명하는 방식이 워낙 천편일률로 설명조인지라, 이왕이면 사람들이 입 밖으로 꺼내지 못하는 부분을 좀 더 편안하게, 가능한 한 많이 드러내게 하고 싶어서였다.

심리학을 오래 공부해온 나는 '표현하는 것'이 모든 고통을 해결하는 근본 방법이라는 걸 잘 알고 있다. 이는 다른 사람에게 비밀을 알린다는 말이 아니라, 적어도 아직 잊지 않은 뭔가가 내 안에 있다는 사실을 스스로 기꺼이 마주하는 것을 말한다.

'표현'은 진정으로 마음의 자유를 얻는 방법이다.

나는 사실 불평투성이 딸이었다. 일에도, 가정에도 불만이 많았고 얄미운 사람들에 대해 자주 불평하곤 했다. 하지만 잘 알고 있었다. 불만을 늘어놓는 걸로는 마음 안쪽까지가 닿지 못한다. 깊이 묻어둔 감정을 보지 못하고, 남을 동정하는 마음도 배우지 못하면서 나 자신을 위해 울 줄도 모르게 된다.

나는 심리학자다. 하지만 상담사를 자처하는 나 역시 스스로 해결하지 못하는 케케묵은 문제들을 끌어안고 있었다. 나는 대상관계 이론에 관심이 많고 정신분석학자 멜라니 클라인Melanie Klein★의 글을 특히 좋아한다. 다른 누구보다 나 자신을 먼저 알고 싶었던 나는 정신분석학에서 인간 본성의 어두운 면을 탐구하면서 세상을 잘 살아갈 수 있겠다는 용기를 얻었다. 이뿐만이 아니었다. 심리학 개념에는 우리의 본성 깊은 곳에 숨겨진 값진 단서들이 모두 담겨 있었다. 심리학이 평생에 걸쳐 경험해봄직한 공부라는 사실도 알게 된 것이다.

이 책에서 나는 불평투성이던 심리학자 딸(음, 뜨끔하리만큼 나와 비슷하다)과 아주 전통적인 사고방식의 어머니를 만들어냈다. 심리학 연구에 크게 영향을 미친 멜라니 클라인의 가정을 모티프로 삼았고, 엄마와 딸이 교환 일기를 주고받으며 티격태격 이야기를 끌고 가는 방식으로 글을 구성했다. 엄마와 딸의 입장을 오가면서 독자들과 함께 불안의 본질을 이해하고, 삶의 아쉬운 점과 마주하는 심리학 여정을 경험하고 싶었다. 또 요즘 세상에서 흔히 벌어지는 사건들과 그에 관련된 특정한 행동 이면에 어떤 다양한 의미가 존재하는지 함께 생각하고 싶기도 했다.

사실 우리 부모님은 종종 헷갈리는 분들이었고, 어린 내게는 커다란 먹구름으로 느껴지는 경우도 있었다. 하지만 이 책을 다 쓴 뒤 나는 부모님을 다시 보게 됐다. 돌이켜보니 엄마도, 아빠도 참 귀여운 분들이라는 생각이 들었다. 가족과 편안하게 잘 지내는 독자들도 마음의 갈피를 찬찬히 들춰 부모님과 새로운 관계를 만들어보면 좋겠다.

저자임에도 이 책에서 마음대로 지어낼 수 없었던 것이 있다. 사람과 자아, 관계에 관한 깨달음과 사고의 전환이었다. 이는 언제 어디서나 벌어지는 일이다. 내가 심리학을 공부하면서 '인생은 실망스런 현실을 마주하는 기나긴 여정'이라는 점, '많든 적든 상처를 이해하지 않고는 마음이 강해지지 못한다'는 사실을 배운 것처럼 여러분도 이 책과 함께 그런 기회를 갖기를 바란다.

쉬하오이

차례

머리말 **표현, 고통을 해결하는 근본적인 방법** · 4

들어가며 **내 안에 숨은 아이를 불러내다**

첫 발걸음 **다 큰 아이와 나이 든 엄마의 교환 일기** · 15

두 번째 걸음 **천재 심리학자도 좋은 엄마 되기는 어렵다** · 23

1 **원가족 – 인정하는 법을 배우다**

가족 모두가 행복해야만 화목한 집일까? · 35

어째서 가족에게 실망하게 되는 걸까? · 46

가족 안에서 누가 진짜 좋은 사람일까? · 58

현실을 인정하면 더 힘들어질까? · 72

2  세상에 나오는 순간 이미 불안은 생겨난다
   – 불안은 탄생과 동시에 시작된다

내가 가진 능력의 한계에 대한 불안
   – 상처와 함께 태어나다 · 89

환상 세계의 불안
   – 불안으로 가득한 세상에 맞서 '환상'을 배우다 · 98

사랑하는 이가 공격할지도 모른다는 불안
   – 환상이 현실이 되면 어떡하지? · 108

현실을 부정하려는 불안
   – 잃었다는 사실을 인정하지 않으면 가질 수 없다 · 119

A가 B와 같으리라는 불안
   – 운명론에 빠져드는 이유, 숙명에서 벗어나기 위해서일까? · 130

## 3   내 안의 아이가 건네는 속마음 이야기

 – 어른들의 내면에는 어떤 불안이 자리하고 있을까?

“어떻게 말해야 좋을지 모르겠어. 말하고 싶지도 않아.”

 – 어떤 사람은 행동으로 말한다 · 148

“나는 잘하는 게 없어.”

 – 능력이 특출한 사람과 지나치게 무능한 사람은 비슷한 기분일 수 있다 · 160

“나 때문에 이렇게 된 거야.”

 – 억압은 자기에게 내리는 벌이다 · 173

“자칫하다간 자리를 빼앗길지도 몰라.”

 – ‘질지도 모른다’는 상상과 ‘질 수 없다’는 불안감 · 186

“계속 이렇게 가면 끝장이야.”

 – 불안은 일종의 ‘이해할 수 없는’ 기분이다 · 200

“이 세상에 나를 사랑하는 사람은 없어.”

 – 환상이 현실로 검증되지 않으면 마음속 악마가 된다 · 211

“내 진짜 모습을 보고 싶지 않아.”

 – 남의 문제 안에 머물면 나 자신을 마주할 필요가 없다 · 223

4  상실을 진심으로 애도할 때 비로소 자아가 안정된다
  – 언제쯤 나는 내게 연민을 느낄까?

그래, 나는 지친 거야 · 237

죄책감을 버리면 상실이란 그저 아쉬움일 뿐 · 245

안정을 찾아주는 애도, 그 길에 필요한 용기 · 253

상처를 받아들이는 용기 · 263

남의 장점을 바로 보는 용기 · 272

이것으로 충분한 나, 내 마음에 다시 세우기 · 285


마치며  어린 딸에게, 그리고 내면의 나에게 · 293


미주 · 300

들어가며  내 안에

숨은 아이를

불러내다

어느 나라에 큰 지진이 일어났다. 지진이 있은 뒤 불안 증세
가 생긴 중년 여성이 한 심리학자의 상담실을 찾았다. 전문
가에게 의지하고픈 마음에 상담실을 찾은 여성은 심리학자
의 마음에도 자기와 똑같은 고독이 자리하고 있다는 걸 알
아차렸다.

여성 심리학자의 미간에 힘이 들어갔다. 자신을 떠보는 환
자의 도발에 직면한 것이다. 의사는 자기와 그 환자의 공통
점이 무엇인지 고민하기 시작했다. 누구보다 잘 알면서도 여
전히 풀지 못한 채 묻어놨던 숙제가 떠올랐다. 어째서 모든
고민의 뿌리는 '가정'으로 귀결되는 걸까? 어른이 된 우리 모
두의 내면에 정말로 아직 덜 자란 아이가 살고 있단 말인가?

첫 발걸음

# 다 큰 아이와 나이 든 엄마의
# 교환 일기

사랑하는 엄마.

이건 제가 엄마께 보내는 편지예요.

사람은 아무것도 설명할 수 없는 순간이 닥치면 자기 자신을 의심하기 시작하죠. 어제 저녁에 중년의 여성 환자가 저를 찾아왔어요. 그 사람은 지난 겨울 초입부터 불안 증세가 생겼대요. 뜻밖에 재앙이 닥치거나 당장 내일이라도 허망하게 인생의 끝을 보게 될까봐 말이죠.

이야기를 하는 동안 여자는 수시로 양손을 문질렀어요. 눈길은 볼 수도 없는 미래의 어딘가에 머물러 있는 것 같았고요. 그 눈을 보면서 제가 말했어요.

"굉장히 외로워 보이시네요."

여자는 잠시 저를 보는 듯하더니 이내 기이한 미소를 띠며 말하더군요.

"선생님이 알아보실 줄 알았어요. 선생님의 눈에도 같은 외로움이 있으니까요."

그 말을 들은 순간 전 묘한 충동에 사로잡혔어요. 쿠션으로 그 여자의 얼굴을 짓누르고 싶은 충동이었죠. 간신히 참았어요. 급하게 표정 관리를 할 수밖에 없었어요. 내 마음속 깊은 곳에서 "난 아니에요"라고 말하고 싶은 강한 반발이 생기는 걸 어떻게든 억눌러야 했거든요.

"선생님도 사는 게 별로 행복하지 않죠?"

여자는 상담실 문을 열고 나가기 직전 또 한마디를 하더군요. 저는 그걸 공격이라고 생각했어요. 제가 상담을 주도하는 것에 대한 보복이랄까요.

그 말 때문에 잠을 제대로 못 잤어요. 제 삶의 행복이 과연 진실한지, 제가 외로운지 아닌지를 따져보느라고요. 그러다가 이 편지를 쓰기로 마음먹은 거예요.

샤오칭얼小晴兒을 낳던 날 전 물이 끓기를 기다리는 꽃게처럼 차가운 수술대에 묶인 상태에서 간절히 기다려온 맑은 울음소리에 파르르 눈을 떴어요. 간호사가 뽀얀 아기를 안고 다가와 말했죠.

"어머니, 확인해보세요. 이쪽에 손가락 다섯 개, 또 이쪽에 손가락 다섯 개, 여기 발가락 다섯 개, 또 발가락 다섯 개…."

물건을 확인하듯 말하는 간호사가 귀여울 리 없었지만 제 귀에는 그 말이 마치 복음을 전하는 천사의 노랫소리 같더라 고요. 전 아기의 손가락과 발가락을 보고 흠뻑 빠져들었어요. 5 더하기 5 더하기 5 더하기 5, 살면서 본 것 중에 가장 아름 답고 완벽한 존재였어요.

"너무 귀여워."

저는 감정이 격해져 울먹이면서 그렇게 아이의 탄생을 맞 이했죠(나중에 보니 막 태어난 아기의 얼굴은 퉁퉁 부어서 물을 잔 뜩 머금은 만두나 다름없었지만요).

사랑하는 엄마, 언제인지 모르겠는데 이런 말을 들은 적 이 있어요.

"부모가 되어봐야 세상 부모의 마음을 안다."

근데 샤오칭얼을 낳고 벌써 여러 해가 지나도록 전 아직 엄마의 마음을 충분히 이해하지 못하는 것 같아요.

지크문트 프로이트Sigmund Freud나 알프레트 아들러Alfred Adler

의 심리학에서 답을 찾으려고 해봤지만 엄마가 샤오칭얼과 함께 있을 때마다 제 마음속에서 화르륵 타오르는 불길(무슨 불이냐고 묻지 마세요, 그냥 제 느낌을 비유하는 거니까요)은 가라앉힐 수가 없더라고요. 내 엄마와 내 딸이 함께 있는 장면을 보면서 행복해하는 게 아니라, 마치 다섯 손가락조차 제대로 보이지 않는 암흑 속에 있는 듯 당혹감이 밀려온달까요. 민감한 심리학자로서 전 스스로 이렇게 물었죠.

'아이에게서 내 어린 시절의 그림자를 보는 걸까?'

그런 걸까요, 엄마?

이건 사실 이미 오래전부터 제 마음에 자리하고 있던 의심이에요. 그래서 어제 저를 찾은 상담자의 공격에 고개를 바짝 들어 당당히 마주하지 못한 거고요. 늦은 밤까지 이런저런 기억을 되짚다 보니 도무지 잠을 잘 수가 없었어요. 자리에서 일어나 책을 꺼냈는데 심리학자 필립 셰이버<sup>Phillip Shaver</sup>의 말이 의미 있게 다가오더라고요.

우리는 모두 아이였다. 어떤 의미로는 내면세계에서 계속 아이로 산다. 그렇기에 우리는 오래된 초자아의 명령과 과장된 자아의 이상을 간직한 채 마음속 깊은 곳까지 단단하게 조화를 이루지 못하고 무의식중에 자신과 다른 사람을 용서하지 못한다.

말하자면 몸은 어른이 됐지만 마음은 어린 시절 어딘가에 그대로 머무는 탓에, 성인이라는 육신의 껍데기가 아이의 다중 콤플렉스인 '불편함'과 '갈망'에 얽매여 있다는 거예요. 우리 마음 깊은 곳에 아이가 살고 있는 거죠.

우리는 힘들고 어려운 삶에 최선을 다해 맞서면서 어른스러우려고 노력해요. 그럴 때 우리 내면의 아이는 가장 어둡고 추운 구석에 버려진 채로 억울함과 분노를 표출하면서 존재감을 드러내죠. 하지만 안타깝게도 우리에겐 아이를 자유롭게 해준 용기가 없어요. 자기 안에 아이가 없는 척할 뿐.

이런 상황이 오래 지속되면 더 이상 스스로에게조차 솔직해지려 하지 않게 돼요. 솔직함의 대가로 내면에 있는 아이의 상처가 드러날까봐 두려워지니까요. 급기야 있는 그대로 말하는 자유로움마저 잃는 경우도 있죠. 마치 주위에 나를 이해하는 사람이 한 명도 없는 것처럼요.

과연 우리는 자신을 제대로 이해한 적이 있을까요? 자기에게조차 솔직하지 못하다면 남이 제 내면세계에 와닿지 못한다 한들, 어떻게 그 사람을 탓할 수 있겠어요.

밤새 이런 생각을 하자니 머리가 욱신욱신 쑤시더라고요. 언젠가 제 내면의 아이가 눈앞에 모습을 드러냈을 때 미처 알아보지 못하면 어떡하나 하는 생각도 들고요. 이렇게 어긋난 상황은 결코 바라지 않았는데요.

굉장히 예의 없다고 여기실 수 있음에도 이 편지를 쓰게 된 이유예요. 사랑하는 엄마, 저랑 '교환 일기' 좀 써주세요, 꼭이요! 엄마가 저라는 아이를 이 세상에 데려오셨잖아요. 어쩌면 제 마음속 아이를 다시 보게 해줄 사람은 엄마뿐일지도 몰라요. 또 어찌 보면 다 큰 애가 부모와 이렇게 대화를 나누려 한다는 것 자체가 행복한 일이지 않겠어요?

엄마의 딸 은은恩恩

은은아.

기억을 곰곰 더듬어보니 네가 내게 마지막으로 카드를 준 게 초등학교 4학년이던 어버이날이더구나. 이번에 편지를 받고 엄마는 정말 깜짝 놀랐어.

그런데 뭐 하나 물어보자꾸나. 네게 상담을 받은 그 중년 여자에겐 무슨 문제가 있는 거니? 엄마는 걱정이 되는구나. 혹시 네 마음에 엄마에게 말하지 않은 병이 있는 건 아닌가 해서 말이다.

사실 네가 처음 심리학을 공부하겠다고 했을 때 엄마는 그리 탐탁지 않았단다. 모든 일이란 게 사소한 데 매달리지 말고 넓게 생각해야 머리도 복잡하지 않고 즐겁게 살 수 있으니까 말이야. 물론 엄마는 많이 배우지도 못했고 너에 비하면 아는 것도 많지 않으니, 널 돕는다 해도 기껏해야 손주를 돌봐주는 정도가 전부야. 넌 심리학 전문가라 그런지 내가 일찌감치 잊어버린 일도 종종 기억하더구나. 가끔 네가 너무 깊이 있게 말하면 엄마는 행여 대답을 잘못할까봐 걱정하기도 한단다.

어쨌거나 '교환 일기'는 참 참신하구나. 어릴 때 네가 재잘재잘 귀엽게 떠들어대던 게 떠오르기도 하고. 좀 크면서는 말대꾸가 더 많아졌지만 말이지.

엄마가

# 천재 심리학자도
# 좋은 엄마 되기는 어렵다

사랑하는 엄마.

어째서일까요? 엄마랑 이야기하다 보면 두꺼운 철문에 발길질을 하고 있는 듯한 기분이 들어요. 몇 번이나 말씀드렸는데도 엄마는 엉뚱한 소리를 하시니까요. 아마도 이 모든 것을 다 포함한 것이 의사소통이겠죠. 그 덕에 제 내면에 있는 아이의 화나 억울함은 어렵지 않게 불러낼 수 있으니, 뭐 나쁘진 않아요, 하하⋯(제 내면 아이가 억지로 웃고 있네요).

어쩐지 엄마는 제가 왜 교환 일기를 쓰자고 했는지 이해하지 못하실 것 같아요. 그래서 말인데요, 멜라니 클라인이라는 심리학자 이야기를 해드릴게요.

멜라니 클라인은 오스트리아 사람인데 유명한 정신분석 학자예요. 처음에는 프로이트의 영향을 받아서 아동 정신분석학 연구에 발을 내디뎠고, 아기들의 행동을 보면서 사람의 성격이 어떻게 형성되는지를 탐구하게 됐어요. 훗날 클라인의 이론에서 영향을 받아 파생된 것이 '대상관계 심리학'인데요. 그게 제가 지금 주로 연구하는 영역이에요.

클라인의 대단한 점들 가운데 무엇보다 인상 깊은 건, 남성을 중심에 놓고 사람 심리를 연구하던 그 시대에, 모두가 아버지의 권위가 심리에 미치는 영향력을 연구하던 그때 어머니와 아기의 관계에서 비롯되는 갈등에 주목했다는 거예요. 게다가 독자적인 연구 영역으로 구축하기까지 했죠.

학문에 있어서 전 클라인의 열렬한 추종자예요. 정말 독특한 관점으로 생각하고 세심하게 관찰할 줄 아는 심리학자니까요! 하지만 아쉬운 점 하나가 있어요. 정작 클라인도 자기 딸한테는 실패한 어머니로 남았다는 거예요.

클라인이 세상을 떠났을 때 일인데요. 여든 살을 앞두고 세상을 떠난 클라인의 장례식에는 한때 그의 연구를 도와준 사람들이 빠짐없이 찾아와 작별 인사를 했대요. 대상관계 이론을 연구한 심리학자 윌리엄 페어베언<sup>William Fairbairn</sup>★은 대인

기피증을 앓고 있었는데도 찾아와서 조의를 표했고요. 하지만 클라인의 하나뿐인 딸, 역시 정신분석학자이자 의사인 멜리타는 어머니의 장례식에 참석하지 않았어요. 대신 다른 지역에서 열린 토론회에서 멜라니 클라인을 비판하고 있었죠.

사랑하는 엄마, 전 이 이야기를 듣고 정말 깜짝 놀랐어요. 대체 무슨 일이 있었기에 모녀 사이가 그렇게까지 된 걸까요?

궁금한 나머지 조사를 해봤죠. 클라인은 어린 시절 부모님의 관심을 별로 받지 못하고 컸대요. 지독하게 통제하는 어머니 아래서 자랐고, 사는 동안에는 가족이나 친구가 세상을 떠나는 경험을 여러 차례 했다고 해요. 저는 아마도 이런 비참한 사건들이나 환경 때문에 클라인의 성격이 우울하고 학구적이지 않았나 상상을 해요. 한 걸음 더 나아가 생각해보면 이렇게 학구적이면서도 우울한 엄마를 둔 딸 멜리타 역시 심리적으로 또 다른 '비애'를 겪어야만 했겠죠.

물론 클라인과 멜리타가 어떤 생각을 했을지는 확인할 길이 없어요. 하지만 전 두 사람의 관계에 자꾸만 호기심이 생겨요. 엄마는 클라인과 멜리타 모녀의 관계가 어땠을 것 같아요?

엄마, '세상에 나쁜 부모는 없다'는 말과 '세상에 나쁜 아이는 없다'란 말이 있는데요, 이 중에서 엄마는 어떤 쪽을 더 믿으세요?

엄마가 같은 질문을 되돌려주실 걸 아니까 제가 먼저 대답해볼게요. 일단 전 둘 다 옳다고 믿어요. 하지만 아무리 몹쓸 부모나 형편없는 아이라 해도 그들이 나쁜 사람이 된 데는 그럴 만한 고달픈 사정이 있었을 거라고 생각해요.

언젠가 하버드 대학교 출신 인류학자 세라 허디<sup>Sarah Hrdy</sup>★의 연구 보고서를 읽은 적 있어요. 허디는 랑구르<sup>langur</sup> 원숭이들의 새끼 살해 행동을 연구하러 인도까지 갔는데요. 거기서 외부에서 온 수컷 랑구르가 암컷 랑구르 무리를 다스리던 수컷을 쫓아낸 뒤, 본래 있던 아빠의 새끼들(새로운 수컷 랑구르의 친자식이 아니라는 걸 확인한 뒤죠)을 살해하는 걸 봤대요.

사랑하는 엄마, 무슨 일이 벌어졌을까요? 이런 상황이 되면 암컷 랑구르들은 목숨을 걸고라도 제 새끼를 보호하기 위해 낯선 수컷에게 침이라도 뱉으며 저항하지 않을까요?

그런데 어미 랑구르들은 그러지 않았어요. 제 새끼들이 낯선 수컷에게 죽은 뒤 암컷들은 오히려 배란을 서둘러 새로운 수컷들과 교미했죠. 새끼들이 살해당했는데도 눈물을 흘리기는커녕 살해범들에게 발정이 난 거예요. 같은 영장류 입장에서 보기에 랑구르 엄마들의 행동은 도무지 믿어지지 않는 일이었어요!

허디는 이렇게 설명했어요.

새끼 원숭이를 살해하는 것은 새로 무리를 다스리게 된 수컷들이 '환경에 적응'하기 위해 벌이는 행동이다. 이렇게 해야만 암컷들이 서둘러 배란을 하고, 수컷들이 우위에 있는 동안 얼른 자손을 낳을 수 있다. 이뿐만 아니라 수컷은 암컷보다 체격이 두 배나 큰 데다 비수와 다름없는 송곳니가 있어 아무리 어미들이 힘을 모아 새끼를 보호하려 해도 수컷들의 살해를 끝까지 막기 어려우며 승리할 확률도 매우 낮다. 새끼를 잃은 슬픔에 빠져 있다가는 새로운 수컷과 교미할 기회를 다른 암컷에 빼앗기기 십상이다. 그렇게 되면 생존 경쟁에서 열세에 처할 수 있다.

살아남기 위해 암컷 랑구르들은 살해범의 행동을 인정하고 그들에게 협조하는 거예요.

사랑하는 엄마, 허디가 뭐라고 말하든 전 랑구르 엄마들이 이기적이라고 생각해요. 어쩌면 제가 듣고 싶은 건 새끼를 위해서 기꺼이 목숨을 바치는 엄마 원숭이 이야기인지도 모르겠어요. 하지만 생존이 최대 관건인 대자연에서 '고결한 정조' 따위는 목숨이 아까운 줄 모르는 허황된 말일 뿐이죠.

그래서 말인데, 속으로는 한숨이 나더라도 '세상에 나쁜 부모는 없다'란 말을 인정해야 할 것 같아요. 남 보기에는 부모답지 못한 부모라도 그들만의 고민과 슬픔이 있게 마련이니까요.

허디의 보고서에는 '디아에아 에르간드로스Diaea ergandros'라는 오스트레일리아 거미도 등장해요. 랑구르 엄마와 비교하면 정반대로 '최고의 모성애상'을 받을 만한 곤충이죠. 이 거미 암컷은 목숨을 바쳐 새끼를 낳거든요.

이 거미는 있는 힘을 다해 비정상적으로 많은 알주머니를 낳아요. 그런 뒤에 다시 엄청나게 큰 알들을 몸 안에 비축하죠. 어미는 알주머니 근처를 오가며 지키는데, 새끼 거미가 알주머니에서 부화할 때쯤 서서히 힘이 빠지고 몸이 녹아내리기 시작해요. 막 깨어나 배가 고픈 새끼들은 어미의 몸을 타고 올라가 저를 낳아준 어미의 다리와 몸통을 갉아먹죠. 어미가 몸속에 남겨놓는 거대한 알에도 깊은 뜻이 있어요.

단백질 덩어리인 그 알들도 새끼들의 먹이가 되는 거예요.

우리 기준으로 보자면 정말 끔찍하고 잔인한 일이에요. 아무 대가도 바라지 않고 헌신한 어미를 먹어치우다니. 하지만 스스로 희생하는 어미 입장에서는 다르겠죠. 그렇게까지 하는데도 새끼들이 제대로 살아남지 못한다면 그게 더 안타까운 일일 테니까요.

그런 면에서 '세상에 나쁜 아이는 없다'는 말도 맞는 것 같아요. 자식답지 못한 아이에게도 나름대로 생존이 걸린 이치가 있으리라는 거죠.

이 놀랍고도 무서운 이야기들을 읽고 난 뒤 상상해봤어요. 만약 랑구르 엄마와 새끼 거미가 속마음을 표현한다면 희생된 가족에게 뭐라고 말할까? 어쩌면 랑구르 원숭이는 "아가, 엄마가 살아남아 너 대신 복수해줄게"라고 할지도 모르죠. 어미 몸을 먹고 살아남은 새끼 거미는 "엄마 몫까지 열심히 살아볼게요"라고 할 수도 있고요.

멜라니 클라인과 딸 멜리타로 돌아가면, 이 엄마와 딸에게도 우리가 알지 못하는 사연이 있을 거라고 생각해요. 물론 그 사정이 아무리 아쉬운들, 남의 집 일이긴 하지만요.

사랑하는 엄마, 저 자신을 더 잘 알고 싶어서이기도 하지만 그 이유는 둘째 치고, 저라고 왜 엄마와 관계를 개선하고 싶은 생각이 없겠어요? 교환 일기는 어쩌면 제가 용기를 내려는 핑계랄까, 구실 같기도 해요. 이게 아니라면 제가 어떻게 엄마의 습관적인 대화 방식에 화를 내지 않고 마음을 가라앉힐 것이며, 제 안에 묻어놨던 이야기를 솔직히 털어놓겠어요?

엄마의 딸 은은

사랑하는 은은아.

네가 들려주는 이야기는 다 재미있구나. 하지만 내 장례식 때 네가 다른 곳에 가서 토론회에 참여하는 일은 없으면 좋겠다.

엄마는 어미 원숭이나 어미 거미나 다 자식을 위해 그런 거라고 생각한다. 너도 언젠가 그 사실을 알게 되면 좋겠구나. 네가 다시는 두꺼운 철문을 걷어차는 기분이 들지 않게 교환 일기를 쓰기로 약속할게. 무척 재미있을 것 같아. 하지만 엄마가 너만큼 글을 잘 쓰지 못해서 근사한 글이 못 되더라도 이해해주면 좋겠다.

그리고 말이다, '사랑하는 엄마'란 호칭은 안 쓰면 안 될까? 어쩐지 낯설구나.

엄마가

# 1 원가족

인정하는 법을 배우다

# 가족 모두가 행복해야만
## 화목한 집일까?

은은아.

네가 벌써 몇 번이나 먼저 일기를 써줬으니 이번에는 엄마가 먼저 쓸까 한다.

오늘은 예전 직장에서 같이 일한 스씨 아줌마랑 함께 밥을 먹었단다. 너도 어릴 때 그 집 딸이랑 잘 어울려 놀았잖아. 기억나니? 네가 '계집애'라고 부르던 그 꼬맹이 말이야. 그 애가 중학교를 졸업한 뒤에 외국 유학을 갔는데 거기서 쭉 공부하다 취직도 했다더구나. 근데 올 초에 갑자기 남자 하나를 데리고 설을 쇠겠다며 집에 왔더라는 거야. 아줌마 내외랑은 말도 전혀 통하지 않는 흑인 남자였는데, 둘이 손을 꼭 잡고 혼인 신고를 하러 가겠다고 했다지 뭐니. 스씨 아줌마는 그야말로 기절초풍했다지. 생각해보렴. 결혼이란 게 얼마나 큰일이니? 그런 결정을 어른들이 쉽게 허락할 리가 있겠니?

아무튼 '계집애'는 엄마 아빠에게 실망했다고 말했다는구나. 엄마 아빠에게 인종 편견이 있다나? 또 남을 존중할 줄 모른다고도 했다는 거야. 그 아이가 어릴 때 아이의 의사는 존중하지 않고 마음대로 외국에 내버려뒀던 것처럼 말이야. 계집애는 엄마 아빠가 그렇게 오랫동안 자기를 괴롭히더니 결국 자기를 행복하게 해줄 남자와 결혼하는 것마저도 축복해주지 않는다고 퍼부었다더라. 그러더니 휴가가 끝나기도 전에 씩씩대면서 남자 손을 잡고 출국해버렸대. 그 뒤로 벌써 몇 개월째 연락 한 번 없다는구나. 스씨 아줌마랑 남편은 딸이 그렇게 험한 말을 쏟아내는 걸 처음 봐서 너무 실망하고 상처를 받았대.

부모 마음이야 다 자식들 잘되라는 것밖에 뭐가 더 있겠니? 부모의 좋은 마음을 어떻게 나쁘게 생각할 수 있을지? 스씨 아줌마가 얼마나 서럽게 울던지 내 마음이 다 아프더라.

그 모습을 보고 있으려니 네가 언젠가 말했던 멜라니 클라인이란 심리학자랑 딸 이야기가 떠오르더구나. 딸이 어머니 장례식에도 가지 않았다며? 관에 누운 엄마의 영혼이 그 꼴을 봤다면 아마 섭섭한 마음에 눈물을 흘렸을 거다.

은은아, 엄마랑 딸은 가장 살가운 관계라고들 하잖니. 그런데 엄마에게 불만 있는 딸들이 어쩜 그렇게 많을까? 도대체 엄마들이 뭘 잘못했기에 그렇게 불만이 많은 거지? 🍃

엄마.

스씨 아주머니 댁에 그런 일이 있었다니 안타깝네요. 저
는 그 자리에 없었으니 옳다 그르다 말할 순 없지만 '계집애'
의 기분을 조금은 상상할 수 있을 것 같아요.

계집애가 부모의 좋은 마음을 어쩌면 그렇게 나쁘게 생각
할 수 있느냐고 하셨죠? 그런데 엄마, 제가 보기에는 좀 달
라요. 그 애가 마음속에 숨겨온 진심을 그런 식으로 입 밖에
낸 건 아마도 부모님에게 진심으로 다가가고 싶다는 표현이
었을 거예요. 겉으로 보기에는 계집애가 화가 잔뜩 나 출국
한 것 같지만 아마 그런 말을 쏟아내고 누구보다 마음이 불
편한 건 그 아이였을 걸요. 그래서 '도망치듯' 외국으로 가버
렸을 거고요.

우리는 종종 누군가의 드센 모습만 보고 판단하곤 해요.

그 안에 여린 마음이 자리 잡고 있다는 건 보지 못하죠. '계집애'가 자기의 연약했던 지난날을 이야기하는데 주위에선 그 애의 불평불만이나 화내는 모습만 기억하는 것처럼 말이에요. 주변 반응이 그러면 저라면 그다음부터는 아예 입을 다물어버릴 것 같아요.

허상이나 다름없는 '화목'을 유지하는 게 우리 할 일이라면, 그깟 것 누군들 못 하겠어요? 영양가 없는 대화나 나누면서 크게 깔깔대면 금방 시끌벅적할 텐데요. 하지만 그렇게만 해서야 식구들이 각자 어떤 마음을 품고 사는지 알 길이 있겠어요?

엄마, 그동안 줄곧 말 잘 듣고 착하기만 하던 계집애의 기분이 어땠을지 헤아려보면 어떨까요? 부모님에게는 도전이나 다름없을 말을 꺼내는 게 그 애인들 쉬웠을까요? 물론 계집애가 얼마나 언성을 높이고 무례하게 굴었으면, 어른들이 크게 상처받으셨으리라는 것도 충분히 짐작은 돼요. 하지만 사람이란 자기 자신조차 낯선 어떤 기분과 마주하려면 과장스럽게 무장을 할 수밖에 없어요.

셰익스피어의 비극 『리어왕*King Lear*』에도 진짜 속마음을 말하고 싶어 하는 딸이 나와요. 나이가 많아져 퇴위를 계획

하던 리어왕이 세 딸을 찾아가 묻죠.

"말해보거라. 너희 셋 중 나를 가장 사랑하는 게 누구냐?"

첫째 딸과 둘째 딸은 달콤하고 그럴 듯한 말로 아버지의 환심을 사 드넓은 땅을 하사받았어요. 하지만 막내딸 코델리아는 이렇게 답했죠.

"아버지는 저를 낳으시고 어른이 될 때까지 키워주셨습니다. 저 역시 자식으로서 아버지를 사랑하고 존경한답니다. 조금도 더하거나 덜하지 않아요. 하지만 언젠가 결혼을 하면 제 사랑과 관심의 절반은 남편에게 갈 거예요. 만약 제가 아버지만 사랑한다면 두 언니처럼 아예 결혼을 하지 않겠죠."

막내딸의 솔직한 속내를 들은 리어왕은 화가 머리끝까지 치솟아 '양심 없는 자식'이라며 노발대발했어요. 리어왕은 코델리아에게 주려던 재산마저 두 언니에게 나눠줬죠. 그걸로도 모자라 막내딸과 인연을 끊겠다며 성에서 쫓아내버렸어요.

사실 리어왕은 막내딸 코델리아를 가장 아꼈거든요. 왕위에서 물러나면 막내딸과 함께 여생을 보낼 생각까지 하고 있었어요. 하지만 기대가 크면 실망도 큰 법, 바라던 대답을 듣지 못하자 왕은 솔직하게 말한 코델리아에게 버럭 화를 내며 욕을 했어요.

　"내 앞에서조차 적당히 비위를 맞출 줄 모르는 딸이라니 차라리 널 낳지 말걸 그랬구나!"

　상처받고 성을 떠난 코델리아는 한결같이 사랑해주는 프랑스 왕과 결혼해 왕비가 됐어요. 리어왕의 전 재산을 손아귀에 넣은 두 딸은 금세 아버지를 성가셔하며 본색을 드러냈죠. 두 딸에게 재산을 전부 물려주고 퇴위한 뒤 그에 걸맞은 대접을 기대한 리어왕은 처량한 신세가 되고서야 진심으로 아버지를 생각해준 막내딸의 마음을 깨달았어요. 하지만 이미 때는 늦었고, 폭풍우가 치던 어느 날 리어왕은 미쳐버리고 말아요.

　『리어왕』은 부모와 자식 사이의 비극을 잘 드러내는 이야기예요. 이 작품에서 가장 비참한 건 리어왕이 황야에서 미치광이가 된 게 아니라, 연애할 때나 일할 때뿐만 아니라 부모와 자식도 그럴 듯한 사탕발림으로 가면을 써야만 관계가 원만하게 유지된다는 사실이죠. 사람들은 대부분 '행복한 가정은 언제 어느 때나 화목해야 한다'는 터무니없는 환상을 갖고 있어요. 살면서 크나큰 대가를 치르고서야 완벽하지 않은 것이 현실이라는 사실을 알게 되죠.

『리어왕』에는 자식의 거짓말에 속아넘어간 불쌍한 아버지도 등장하는데요. 리어왕의 충신이라 할 만한 글로스터 백작이에요. 백작에게는 아들이 둘 있는데, 큰아들은 본처가 낳은 적자고 작은아들은 외도로 낳은 사생아였어요. 백작은 '합당하게 대를 이을 큰아들', '인정하기도 부끄러운 둘째 아들'이란 말을 입버릇처럼 달고 다녔죠. 아버지는 물론이고 세상 모두로부터 부당한 대우를 받아야 했던 작은아들 에드먼드는 이렇게 생각했어요.

'어째서 나를 사생아라 부르는가? 어째서 내가 천하단 말이냐! 이렇게 건장하고 단정한 내가 적자인 에드거보다 대체 무엇이 못하단 말인가! 어째서 나를 서자라 낙인 찍고 몹쓸 종자라 말하는가? 바람까지 피울 만큼 혈기 넘치는 부모의 원기를 물려받은 내가 정답지도 않은 마누라와 꿈인지 현실인지도 모르는 상태에서 만든 바보 같은 놈보다 뭐가 못하단 말인가? 좋다, 정실 장자인 에드거여, 내가 반드시 네 땅을 모두 빼앗고야 말겠다. 두고 보거라. 서자인 내가 적자인 너를 발아래로 짓밟아주마.'

불쌍한 둘째는 비뚤어지고 말았어요. 가족에게서 받은 고통이 마음 깊숙이 저주로 새겨진 거죠. 글로스터 백작의 준

수한 사생아 에드먼드는 결국 악랄한 불한당이 되고 말아요. 그는 리어왕의 첫째 딸과 둘째 딸을 유혹해 두 사람 모두 남편을 독살하고 서로를 죽이게 만들어요. 이뿐만 아니라 아버지인 글로스터 백작도 두 눈을 잃고 죽게 하고, 다시 사이가 좋아지려던 리어왕과 막내딸 코델리아를 이간질하죠. 심지어 『리어왕』 속 모든 인물의 죽음이 에드먼드와 관련이 있어요. 그 때문에 어쩌면 희극이 될 수도 있었던 이 작품은 완벽한 재난극이 되고 말죠. 비참한 사실 하나는 달걀이라도 던져 욕을 퍼부어도 시원찮을 에드먼드가 어째서 그런 인간이 되었는지 자연스럽게 이해할 수 있다는 거예요.

엄마, 원가족이 개인에게 미치는 영향은 생각보다 훨씬 커요.

사람은 어릴 때 가정에서부터 살아남으려고 말과 행동을 연습한다고 해요. 가족의 안색을 살피고 다시 생각하거나 어떻게 처신할지를 배운다는 거죠. 하지만 사춘기가 지나고 점점 자아의식이 강해지면 본래 가정에서 믿고 따르던 말이나 행동이 옳지 못하다고 느끼게 돼요. 그러면서 인격의 내면에서 전투태세를 갖추기 시작하는데요. 어떤 아이는 큰소리로 항의하거나 전과 다른 행동을 해 부모에게 알리려 해요.

'나 좀 봐줘요. 내 말 좀 들어줘요. 내 진짜 속마음을 보여주고 싶다고요!'

이걸 단순히 '반항기'라고 치부해도 될까요? 아이들이 보이는 일탈이나 어긋난 행동은 가족에게 보내는 구조 요청인 걸요. 계집애는 그렇게 중요한 사춘기를 부모님과 함께하지 못했기 때문에 '버려졌다'는 기분이 들었을 거예요, 엄마.

사춘기는 어찌 보면 사람을 아주 곤란하게 만드는 단계예요. 그 나이대에 들어선 아이들은 매우 독립적으로 보이지만 사실은 엄마 아빠가 그 어느 때보다 자기를 깊이 이해하기를 바라죠.

물론 계집애는 이미 사춘기를 넘겼지만 행동을 보면 부모로부터 이해받고 싶다는 욕망이 여전히 강한 것 같아요. 아마 이해받고 싶다는 바람을 포기하지 못하는 거겠죠. 사실 저와 엄마의 교환 일기도 제게는 같은 의미예요.

그래도 참 좋은 일 아닌가요? 고통에 그대로 묶여 있기보다는 그 고통을 동력 삼아 거기서 벗어나고 싶다는 거니까요. 우리 마음속 아이는 여전히 희망을 품고 있나봐요. 🖋

사랑하는 사람을 온전히 이해하고 있을까?

사랑하는 사람을 이해하려고 애쓰고 있다고?

수없이 얽힌 관계 속에서

과연 나는 상대에게 진심을 건네고 싶은 걸까?

# 어째서 가족에게
## 실망하게 되는 걸까?

은은아.

네 마음에 희망이 있다니 참 기쁘구나.

네가 해준 이야기를 스씨 아줌마에게 들려주면서 이야기 했단다.

"계집애가 엄마 아빠한테 못되게 굴고 가버린 건 자기도 어떡하면 좋을지 몰라서 그런 걸 거야. 그 애가 어릴 때는 정 말 말을 잘 들었잖아."

부모와 자식의 싸움도 칼로 물 베기 아닐까? 가만 보니까 스씨 아줌마도 딸 걱정이 이만저만이 아닌 것 같더라. 그래 서 내가 먼저 연락해보라고 부추겼지. 그랬더니 세상에 스씨 아줌마 행동이 얼마나 빠른지, 딱 하룻밤 고민하더니 바로 비행기표를 샀다지 뭐냐. 다음 주에 남편이랑 함께 딸을 만나러 간다더구나. 엄마와 딸은 역시 서로 닮는 법인가보다. 두 사람 사이가 부디 얼른 회복되면 좋겠구나.

은은아, 엄마는 스씨네 일로 느낀 게 많단다. 엄마는 늙었고 넌 너무 바쁘니까 우리 둘이 이야기 나누기가 정말 쉽지 않잖니. 모처럼 얼굴 볼 때도 내가 몇 마디하면 넌 잔소리한다고 싫어하고.

네가 어릴 때 엄마가 좀 엄격했던 거 알고 있어. 하지만 다 지나간 일이잖니. 엄마는 네가 기분 상하는 일 없도록 지금까지 나름대로 노력했단다.

어쩌면 넌 너무 바쁘니까 항상 스트레스가 크겠지. 몸 챙길 줄도 모르고. 너도 생활 방식을 바꿔보면 좀 즐겁게 살 수 있지 않을까? 어떻게 생각하니? 🖋

엄마.

스씨 아줌마가 계집애를 만나러 외국까지 가신다니 이후에 결과가 어떻든 아줌마의 적극적인 행동은 박수 쳐 마땅하다고 생각해요.

그건 그렇다 치고, 엄마가 진심을 듣고 싶으신 거라면 솔직히 이야기할게요. 엄마는 제 이야기로 화제를 돌릴 때마다 뭔가 공허하고 의미가 없다고 느끼지 않으세요?

그래요, 그건 엄마가 쓰시는 글자마다, 행간마다 제 생각을 바꾸라고 강요하기 때문이에요. 엄마의 생활 방식이나 엄마가 믿는 가치관… 제가 그 틀 안에 들어가지 않으면 마치 좋은 딸이 아니라는 것처럼요. 솔직히 말해 그런 사소한 것들이 뭐 그리 중요한가요? 도대체 엄마는 언제쯤 마음속에 있는 진짜 저를 봐주실 거죠?

이런 이야기가 엄마에게는 불공평할 수도 있다는 걸 알아요. 엄마는 제가 어릴 때부터 밥을 어떻게 먹는지, 공부를 어떻게 하는지 빤히 바라보시곤 했어요. 정작 제가 바란 건 미묘한 표정만으로도 제가 슬픈지, 억울한지, 두려운지, 누군가 곁에 있어주길 바라는지 알아봐주는 거였는데 말예요. 그런 관심은 오로지 남동생 몫이었죠. 반면에 저와 있을 때 엄마는 진짜 무감각한 보모 같았어요. 엄마의 관심은 감정과 생각이 있는 제가 아니라 성적 몇 점을 받은 저, 남들 앞에서 자랑할 수 있는 저였다고나 할까요.

엄마, 전 어제 길에서 울고 있는 여자아이를 봤어요. 그 곁에 직장인처럼 보이는 여자는 아이 엄마가 분명했죠. 그 엄마는 손짓 발짓을 해가며 한동안 전화 통화를 하더라고요. 전 아마도 그 엄마가 어떤 고객과 이야기를 나누는 걸 거라고 상상했죠.

엄마가 통화를 하는 동안 여자아이는 어린 남동생을 붙잡고 있으려고 애를 썼어요. 하지만 어린 남동생은 기어코 누나의 손에서 벗어나 이곳저곳을 뛰어다니기 시작했어요. 가게에 눈에 띄는 물건을 제 마음대로 만져대기도 하고요. 여자아이는 그 곁에서 계속 소리를 질렀어요.

"야, 그러지 마. 그러면 안 된다고!"

하지만 남동생은 누나의 손을 쳐내고 이것저것 마구 집어 댔죠. 누나야 애가 타든 말든 상관없이 말이에요. 급기야 거리낌없이 멀쩡한 상품의 포장을 뜯으려 하자 여자아이는 단단히 화가 났고 남동생의 팔을 세게 꼬집었어요.

"아야!"

남동생은 소리 높여 울기 시작했어요. 그제야 곁에 있던 엄마는 벼락이라도 맞은 것처럼 깜짝 놀라더니 전화를 끊고 아이들에게 물었어요.

"어떻게 된 거니?"

여자아이는 입술을 삐죽거리며 아무 말도 하지 않았고, 남동생은 누나를 가리키며 울먹거렸어요.

"누나가 꼬집었어!"

"왜 동생을 꼬집었어?"

엄마는 엄숙한 표정으로 묻더군요.

"얘가 말을 안 듣잖아."

여자아이는 눈가가 붉어진 채 큰 소리로 말했죠.

"동생이 말을 안 들으면 좋은 말로 타이르면 안 돼? 꼬집은 건 네가 잘못한 거야. 엄마가 바쁘면 네가 동생을 잘 돌봐

쥐야 하는 거 아냐?"

점점 흥분한 엄마도 참지 못하고 한 손으로 여자아이의 어깨를 밀었어요. 일순간, 전 그 짧은 틈에 여자아이의 얼굴이 시뻘겋게 달아오르는 걸 봤어요.

"얘가 먼저 때렸단 말이야! 얘가 먼저 그랬다고!"

감정이 격해진 여자아이는 목 놓아 엉엉 울며 남동생이 망가뜨리지 못하게 지키려던 물건들을 손으로 쓸어 죄다 바닥에 쏟아버렸어요.

가게 주인 내외가 다가오자 얼굴이 파랗게 질린 엄마는 여자아이를 끌어당기며 고개 숙여 사과했어요.

"얘가 먼저 날 때렸다고, 얘가 먼저 때렸어…."

여자아이는 계속 울면서 같은 말을 반복했어요. 누나의 반응에 깜짝 놀라 눈물이 쏙 들어간 남동생은 순진무구한 눈빛으로 흥분한 모녀를 바라보더군요.

저는 얼른 자리를 떠났어요. 그 뒤 무슨 일이 벌어질지 기다리지 않았죠. 왜 그랬냐고요? 엄마와 딸이 어떤 반응을 보이는지 전혀 알고 싶지 않았거든요. 전 그 엄마가 여자아이를 집으로 데려가 차분히 앉아 이렇게 물어보면 좋겠다고 상상했어요.

"무슨 일이 있었니? 네가 갑자기 화를 내서 엄마는 깜짝 놀랐어. 엄마가 오해한 게 있니?"

그럼 여자아이의 격한 반응이 자기 자신을 보호하려는 표현이었다는 게 증명되겠죠. 그렇게만 되면 여자아이는 좌절을 반복하지 않을 거고, 집에서 생존하려면 감정을 속으로 꿀꺽 삼켜야 한다고 생각하지도 않을 거고요.

엄마, 제가 바로 그런 아이였어요. 감정을 속으로 삼켜야 한다고 배운 아이 말예요. 엄마가 바쁘면 제가 동생을 돌봤죠. 하지만 엄마가 일을 다 본 뒤에 관심을 쏟는 건 남동생뿐이었어요.

"우리 아들은 세 살이나 됐는데 왜 말이 빨리 늘지 않나 몰라."

"우리 아들은 다섯 살인데 어째서 진득하게 앉아 있을 줄을 모를까?"

"우리 아들이 초등학교에 들어갔는데 공부에 집중하게 하려면 어떻게 해야 하지?"

"우리 아들 중학교 성적이 안 좋으니 어쩐다?"

남동생이 보란 듯이 소란을 피우면 엄마는 아직 어려서 그렇다고 두둔하시며 제게 감싸주라고 하셨죠. 그 녀석이 잘못을 하면 제가 잘 돌보지 못했다고 함께 벌을 받게 하셨고요. 제가 그 녀석을 때리면 제 잘못이었지만, 그 녀석이 저를 때리면 그건 꼭 그 애 잘못은 아니었어요.

그런 건 다 참을 수 있었어요. 그런데 제가 엄마 모시고 남동생이랑 병원에 가던 날 그 애가 생각 없이 한마디 했잖아요.

"나 돈 모아서 사고 싶은 명품 시계가 생겼어."

엄마는 무슨 일이라도 있는 것처럼 절 잡아당기며 말씀하셨죠.

"우리 둘이 돈 절반씩 내서 네 동생 시계 좀 사주자."

전 그때 한마디도 하지 않았어요.

그래요, 끝끝내 제 감정을 꿀꺽 삼켜버린 거예요. 그 용감한 여자아이처럼 두 손을 휘두르며 자기에게 맞지 않는 양육 방식을 쳐내지 못하겠더라고요. 전 날아오는 주먹을 샌드백처럼 맞기만 했어요. 그냥 포기한 거예요. 부모님이 애지중지하는 자식이 된다는 것에 대해 저는 정말 아무 희망이 없었어요.

엄마, 원가정에 실망을 느끼는 사람은 보통 세 가지 경우예요.

첫째, 부모에게 신호를 보내도 응답받지 못한 아이.

둘째, 타고난 기질이 유난히 민감한 아이.

셋째, 가정에서 진짜로 상처를 입고 재난을 당한 아이.

그러니까 저와 엄마 사이의 거리는 첫 번째와 두 번째 상황을 합친 거예요. 엄마는 제가 필요로 할 때마다 응답하지 않으셨고, 전 유난히 민감한 아이였잖아요. 그런 엄마와 제가 합쳐져 가정의 비극을 구성하는 요소가 된 거죠. 그래서 우리는 사랑하면서도 서로를 이해하지 못하는 거예요.

최근에 전 원가정에 실망을 느끼는 세 번째 상황에 대해 특별히 깨달은 것이 있어요. 노벨 문학상을 수상한 유진 오닐Eugene O'Neill★의 이야기를 보게 됐거든요.

유진 오닐은 『밤으로의 긴 여로Long Day's Journey into Night』란 자전적인 작품으로 가족의 비극적인 이면을 폭로했어요. 엄청난 구두쇠에다 집안의 왕이던 아버지는 식구들이 아파서 병원에 가는 돈마저 아까워했죠. 그래서 어머니가 아이를 낳고 류머티즘으로 몹시 아플 때도 돌팔이 의사에게 보냈답니다. 그러다가 어머니는 진통제 대신 맞은 모르핀 때문에 나중에 마약 중독자가 되고 말아요. 형은 타락한 술주정뱅이인데 동생을 질투하죠. 동생은 얼핏 한량처럼 보이지만 알고 보면 지적이고 부모의 총애까지 받거든요. 사실 동생이라고 해서 팔자가 더 좋을 것도 없었어요. 섬세한 동생은 집에서 일어나는 작은 일에서도 많은 걸 깨닫곤 했죠. 다만 분위기를 깨지 않으려고, 가족 관계를 유지하기 위해 마음에 있는 말을 좀처럼 꺼내지 않아요. 그는 자살을 기도하지만 실패하고, 그 시절 흔히 목숨을 잃던 폐결핵에 걸려요.

이 집안 사람들은 서로를 사랑하면서도 미워하고, 이해하면서도 낯선 이들처럼 거리를 두려 해요. 이렇게 재앙으로 둘러싸인 집에서 자란다는 것 자체가 인성의 시험대에 오르는 것이라 할 수 있죠. 피는 물보다 진하다는 '가족애' 시험은 잔인한 현실을 얼마나 겪어야 끝나는 걸까요? 가정이라는 작은 울타리 안에서 시험에 든 사람들은 결국 숨 막히는 공간에서 눌려 죽고 말까요, 아니면 비좁은 산도産道를 통과하듯 다시 태어날까요?

엄마, 『밤으로의 긴 여로』는 그대로 끝이 나요. 그런데 혹시 그거 아세요? 실제로 폐결핵에 걸린 현실 속 오닐은 병이 완쾌되길 바랐어요. 오닐은 희곡을 마흔다섯 편 썼는데 대부분 인간 본성의 실상을 직시하게 만드는 비극이었답니다. 비극으로 분명 괴팍해진 면도 있지만 한편으로 오닐은 그 비극으로 위대해졌죠.

이런 생각을 하다 전 문득 깨달았어요. 앞에서 말한 '가정에 실망하는' 세 가지 경우는 본질적으로 다 같다는 걸 말이에요.

상처나 재난에서 비롯된 실망은 우주에서 갑자기 떨어진 운석처럼 땅을 뒤흔들고 아득한 구멍을 만들어요. 그 앞에 선 사람으로선 막막해지고 고통스러워질 수밖에 없죠. 요청에 응답을 받지 못하거나 예민해서 생긴 실망감은 반대로 작은 구멍이 잔뜩 뚫려버린 광야 같아서 오랜 세월에 걸쳐 구멍을 하나하나 메워야만 회복돼요.

거대한 구멍에는 대개 사연이 있고 사람을 잡아끄는 힘이 있죠. 오닐은 직접 그 깊고 거대한 구멍으로 들어가는 모험을 했어요. 비참한 지난날을 애도하는 것이 그에겐 영감의 원천이 되었고, 성공도 했죠.

엄마, 엄마와 저 사이에는 작은 구멍이 많아요. 이제라도 우리가 매일 의미 있는 내용으로 구멍을 채워나간다면 그곳에도 생기가 돌기 시작할 거예요. 그러니까 엄마, 더 이상 허망한 말로 우리 사이에 거리를 만들지 마세요.

부모 눈에 자식은 언제나 아이로 보인다는 것, 저도 이해해요. 하지만 부모 자식 관계가 그 상태로 머물면 우리는 영원히 어른 대 어른으로 속마음을 털어놓는 근사한 경험은 하지 못할 거예요.

# 가족 안에서
## 누가 진짜 좋은 사람일까?


은은아.

우선 답장을 오래 기다리게 해서 미안하구나.

엄마는 네 속마음을 듣고 정말 깜짝 놀랐다. 사실은 네가 그런 기분을 느끼고 있는지 전혀 몰랐단다. 말을 해준 적도 없고, 엄마 역시 아무 낌새도 알아채지 못했으니까. 그래서 편지를 받고 한동안 내 자신에게 묻고 또 물었다.

'그런가? 내가 정말 그렇게 대했나? 내가 은은이보다 아들 녀석을 더 사랑했던가? 내가 무슨 짓을 했기에 은은이 그렇게 느끼게 됐을까?'

솔직히 말하자면 네 외삼촌들을 찾아갔을 정도란다. 내가 정말 편애를 했는지 누구보다 잘 알 거라고 생각했거든.

네 큰외삼촌과는 어느 유명한 카페에서 만났어. 듣자 하니 영화도 찍은 곳이라더구나. 엄마는 한 번도 그런 곳에 가 본 적이 없는데 커피 한 잔이 얼마나 비싼지 돈이 아까워 죽겠더라. 근데 네 큰외삼촌은 의외로 커피를 마시는 모습이 그럴듯하더구나. 꽤 오랫동안 못 만나다가 보니 그새 머리도 하얘지고 얼굴에 주름도 많아져서 확 늙어 보이지 뭐니. 그나마 손에 커피 잔을 들고 있을 때만큼은 조금 젊어 보였어.

"누나, 은은이 말이 하나도 틀린 게 없는데. 누나가 아들을 더 예뻐하는 걸 설마 지금에야 안 거요?"

네 큰외삼촌은 무심한 말투로 엄마의 기대를 단박에 깨뜨리더구나. 막 눈을 흘기면서 욕을 퍼부어주려는데 이어서 그러더라.

"누나, 우리가 클 때도 그랬잖아요? 어려서부터 누나는 어머니가 시키는 대로 나랑 막내를 돌보면서 자랐잖아요."

은은아, 그 녀석이 말해주지 않았다면 엄마는 옛날 일을 다 잊어버릴 뻔했더구나. 몇 살 먹지도 않았던 엄마는 네 외할머니를 따라 동네에 있는 나사 공장에 나가 일을 했단다. 집에 와서는 또 집안일을 했지. 추운 겨울에 식구들이 벗어 놓은 더러운 빨래를 발로 밟아가며 빨았고. 찬바람 부는 데서 맨발로 물에 젖은 무거운 옷을 밟아대니 발이 동상에 걸려 죄 갈라지더라. 그래도 어머니가 약초를 찧어 발에 발라주면 내 고생을 알아주는 것 같아 좋았어.

사실 나도 어릴 때는 너처럼 책 읽는 걸 좋아했었다. 그런데 안타깝게도 우리 집에는 책처럼 사치스런 물건은커녕 읽을 만한 게 아무것도 없었어. 그래서 어머니랑 시장에 갈 때마다 생선이나 고기를 싸려고 쌓아둔 지난 신문을 가져다 읽곤 했지. 열여섯 살이 되던 해에는 큰 동생이 중학교 시험을 봐야 했는데, 집에서는 돈을 모아 동생 교복과 교과서를 사준다면서 날더러 이웃 사람이 소개해준 도시 공장에 가 일을 하라고 하더구나.

"곧 집안을 일으킬 장남 아니니. 네가 조금만 고생해다오. 그 애만 잘되면 식구들도 네 고생을 다 알아줄 거야."

외지로 가는 날 어머니가 버스 터미널까지 데려다주셨는데 그때 내 손을 잡고 어깨를 도닥이면서 이렇게 말씀하시더구나. 난 그때가 어머니가 평생에 나를 가장 자랑스러워한 순간이라고 여겼단다.

"누나, 사실 난 공부를 전혀 좋아하지 않았어요. 중학교 시험도 떨어졌잖아요. 엄마가 억지로 학비도 비싼 사립학교에 가라고 하신 거지. 오히려 누나는 동네에서 성적이 제일 좋았는데 등 떠밀려 일하러 나가야 했고요. 그런 걸 보면 엄마 머리에 문제가 있었던 거 같지 않아요?"

네 큰외삼촌도 참, 외할머니에게 버릇없는 말이나 하고 말이야. 나이가 몇 살인데 말을 가려 할 줄도 모른다니.

"내 말이 틀렸어요? 나중에 내가 못 참고 친구랑 외국으로 도망가 장사라도 하지 않았으면 어떻게 지금처럼 살고 있겠어요?"

그래, 네 외삼촌은 그렇게 제멋대로였단다. 외할머니는 대학교까지 보낼 참이었는데 아무도 모르게 출국 수속을 다 밟아놨지 뭐냐. 큰아들이란 놈이 몇 년이나 집을 나가 외국을 떠도니 외할머니가 얼마나 상심하셨는지 말로 다 못 한다. 한동안 하도 울어서 시력이 다 나빠지셨잖니.

"누나, 누나는 그 옛날 어머니가 딸은 무시하고 아들만 애지중지하던 낡아빠진 사고방식을 그대로 물려받은 사람이에요. 은은이 말이 하나도 틀린 게 없죠. 누나는 가정을 위해 평생 희생했다고 하지만 은은이더러 누나처럼 살라고 할 권리는 없다고요."

은은아, 엄마는 네 큰외삼촌 말에 전혀 동의할 수 없었다.

그 녀석은 네 외할머니에게 편견이 너무 많아. 자기가 받은 사랑이 얼마나 부러운 건지도 모르고 말이야. 그래서 엄마는 네 작은외삼촌을 만나야겠다고 생각했다.

"누나, 제가 솔직히 말해도 마음에 담아두지 마시고요."

작은외삼촌이 이렇게 말문을 여는 순간 가슴이 서늘하더구나.

"은은이 말이 좀 직설적이긴 해도 틀린 말은 아니에요. 누나가 저랑 통화할 때 하는 이야기 중 8할은 아들 얘기예요. 가끔 만나 밥 먹을 때도, 사진이라도 찍을라 하면 누나는 늘 아들 옆에 서잖아요."

은은아, 행여 너도 작은외삼촌처럼 생각한다고 말하지는 마라. 네 동생은 어릴 때부터 툭하면 남들이랑 말다툼을 하고 그랬잖니. 나마저 그 녀석에게 관심을 갖고 보살피지 않았다면 네 동생은 아마 자기만의 세계에 살고 있었을 거다.

"누나, 문제는 상황이 나은 사람이라 해서 관심이 덜 필요한 건 아니라는 거예요. 가끔 보면 누나는 어머니와 똑같을 때가 있어요."

은은아, 엄마는 네 작은외삼촌의 말에 며칠이나 머리가 지끈지끈 아팠단다. 내가 정말 너를 네 동생보다 홀대했니?

그러진 않았지? 나는 너희 둘을 똑같이 사랑하는걸.

그러던 중에 어젯밤 꿈에 네 외할머니가 나오셔서는 눈물을 줄줄 흘리며 내게 사과를 하시는 거야. 꿈속에서 어머니의 백발이 젊은 시절처럼 새까맣게 바뀌었는데 이상하게 얼굴에는 수심이 가득하더라. 외할머니가 손짓하는 대로 부엌을 보니 밥 지을 쌀 한 됫박도 없는 마당에 네 외할아버지는 막걸리를 퍼마시고 상에 엎어져 있더구나.

좀 있으니 웬 단발머리 여자아이가 나와 얼른 외할머니의 소매를 당기더구나. 뒷모습밖에 보이지 않았지만 아마 외할머니를 위로하는 것 같았어. 그 여자아이는 분명 나였겠지? 근데 아이가 불쑥 고개를 돌린 순간 엄마는 깜짝 놀라고 말았어. 내가 아니라 네 얼굴이었거든, 은은아.

네 외삼촌들 말은 모두 틀렸어. 완전히 틀렸어. 내가 딸은 무시하고 아들만 애지중지하는 낡아빠진 사고방식을 물려받은 게 아니라, 내가 네 외할머니가 된 게 아니라, 네가 어린 시절의 나를 너무 닮은 거야. 정말 나를 너무 닮았어….

이런 생각이 드니 정말 어찌 해야 좋을지 모르겠구나. 🖋

사랑하는 엄마

 답장이 너무 늦어 죄송해요.
 엄마의 일기를 보고 한숨 돌리면서도(저번 일기를 쓰고서 경솔했던 게 아닌가 후회했거든요) 어쩐지 숨 쉬기가 편치 않고 마음이 복잡했어요. 어려서부터 사람들은 제게 아빠를 닮았다고 했죠. 생김새뿐만 아니라 성격이나 재능도 아빠를 닮았다고요. 전 자연스럽게 제가 가진 모든 장점은 아버지로부터 받은 거라고 믿었던 거 같아요. 제게 엄마는 그저 매우 불안하고 정이 없는 존재였어요. 그런데 담담하고 차분하게 쓰신 엄마의 글을 보니 제가 엄마를 너무 얕게 알고 있었다는 생각이 들더라고요.
 엄마, 전 엄마가 이렇게 씩씩하고 지기 싫어하는 데다, 기꺼이 반박할 줄 아는 분인 줄 여태 몰랐어요. 아빠가 우리 집의 왕인 양 눈짓만 슬쩍 해도 엄마는 감히 찍소리도 못 내시는 줄 알았거든요.

어릴 때 말예요, 엄마와 아빠가 싸우던 밤이면 사실 저는 거의 잠을 이루지 못했어요. 그때는 식구들이 빤히 안다고 생각했죠. 아빠가 한번 화가 났다 하면 날씨보다도 감정 기복이 크다는 걸요. 하지만 아빠가 아무리 욕을 하고 못되게 굴어도 엄마는 조용히 눈물만 찍어낼 뿐이었어요. 제가 몰래 훔쳐본 엄마는 두 눈이 벌겋게 되도록 울면서도 입술만 꽉 물고 계셨어요.

참고 계셨던 거예요. 그렇죠? 그 난감한 순간이 지나고 괜한 소란을 피운 아빠가 기분이 가라앉은 뒤 후회하면서 엄마에게 사과하기를 참고 기다리신 거잖아요. 그러고 나면 엄마는 마치 아무 일도 없던 것처럼 평소 모습으로 돌아와 제가 제 할 일들을 잘하고 있는지 확인하셨죠.

그래서일까요. 제게도 엄마처럼 입술을 깨무는 습관이 있어요. 전 힘들고, 화나고, 슬픈 일이 있으면 입술을 깨물어요. 얇은 입술이 터지기 직전까지 있는 힘껏 깨물죠. 그런 식으로 저는 남들 앞에서 말 잘 듣는 아이를 연기하곤 했답니다. 엄마 앞에서도 말 잘 듣는 착한 딸이 되려고 말대꾸도 하지 않았죠.

그러다 보니 언제부턴가 감각을 다스리는 방법도 모르겠더라고요. 귀로는 그저 듣기만 하고, 하고 싶은 말이 있어도 입을 꾹 다물었죠. 제 말 때문에 혹시 무슨 화라도 생겨 엄마 아빠를 곤란하게 만들면 어쩌나 겁이 났거든요. 속으로는 불안하면서도 겉으로는 웃었어요. 완전히 가짜였죠.

몰래 동생을 괴롭힐 때도 있었어요. 그 애가 아직 걷지도 못할 때 그 녀석을 발바닥부터 마구 간지럽히기도 했어요. 그렇게 하면 나중에 어른이 되어도 흔들다리를 건너지 못한다고 하더라고요(그 애가 지금 그렇게 간이 작은 게 제 장난 때문인 건 아닌지 의심이 되기도 해요). 엄마 아빠가 안 계시면 몰래 꼬집기도 했어요. 그 애가 큰 소리로 울어대면 얼마나 통쾌하던지. 그러고서 절대 일러바치면 안 된다고 으름장을 놨죠. 그 애가 그렇게 낯가림이 심하고 별나게 구는 것도 제가 괴롭힌 거랑 관련이 있지 않나 싶어요.

아무튼 그때 저는 부모님께 벌을 받으면 어쩌나 하는 두려움과 형제를 괴롭힌다는 죄책감 사이에 끼여 있었어요. 부모님이 진짜 제 모습을 봐주시길 바라면서도 이런 저는 보지 않으면 좋겠다고 생각했죠. 마음속에서 갈팡질팡 갈등을 느끼고 발버둥 치곤 했어요.

베르톨트 브레히트<sup>Bertolt Brecht</sup>★가 쓴 희곡『사천의 선인<sup>Der</sup> <sup>gute Mensch von Sezuan</sup>』을 잠깐 이야기할게요. '선한 사람'을 찾아 하늘에서 내려온 신 셋이 중국 사천에서 창녀 셴테를 만나는데, 셴테는 이들에게 기꺼이 머물 곳을 내줘요. 그 호의에 감사하는 뜻으로 신들은 은화 천 냥을 건네죠. 셴테가 계속 선인으로 살기를 바라면서요.

셴테는 이 돈으로 담배 가게를 차려 생계를 꾸려요. 하지만 자꾸만 빌붙어 먹고살려는 기생충 같은 비렁뱅이들이 찾아와요. 거절할 줄 모르는 셴테는 이대로 가다가는 돈이 금세 바닥날 거란 걸 깨닫죠. 그래서 살아남으려는 일념으로 있지도 않은 사촌 오빠 슈이타로 변장해요. 슈이타와 셴테는 분명 한 사람이지만 성격이 완전히 반대였어요. 셴테는 마음이 약하고 남에게 잘 베풀었지만 슈이타는 수완이 좋아서 남을 착취하고 부정한 일도 못 본 척할 만큼 비정했어요. 평소엔 셴테로 살다가 문제가 생기면 셴테는 슈이타로 변신해 굳은 마음으로 자기를 괴롭히는 자들과 맞섰어요.

그런데 시간이 지날수록 슈이타로 머무는 시간이 길어지고, 급기야 셴테는 모습을 감추다시피 하는 지경이 됐어요.

슈이타가 센테를 살해한 게 아닌지 의심하기 시작한 사람들은 세 신에게 재판관이 되어 진상을 밝혀달라고 청했죠. 곤란해진 센테는 결국 신들에게 자기가 슈이타로 변장한 거라고 고백을 했어요. 신들은 자기들이 찾은 선인이 사라진 것이 아니라는 걸 알고 한숨을 돌렸어요.

"선인이여, 당신을 되찾아 얼마나 기쁜지 모릅니다!"

신들이 말했죠.

"하지만 사람들이 말한 나쁜 일도 다 제가 한 짓인걸요."

센테가 대답했어요.

"당신은 좋은 사람이오. 당신이 한 착한 일을 모두 칭송하고 있소."

"아니요, 그 나쁜 사람도 저라고요."

센테는 다급하게 외쳤죠.

하지만 신들은 자기들의 기대와 어긋나는 이야기는 들으려 하지 않았어요. 그들은 '선인 센테'의 이야기만 가지고 하늘로 돌아가려 하죠. 신들이 구름에 올라타자 땅에 남은 센테가 애타게 외쳐요. 제발 구해달라고.

"제겐 슈이타가 필요하다고요."

"그에게 너무 많이 기대면 안 돼요."

신이 말하죠.

"그럼 일주일에 한 번만요!"

"한 달에 한 번이면 충분하겠소."

신은 이렇게 말하고 돌아섰어요.

"그냥 가시면 어떡해요! 저를 구해주세요."

절망에 빠진 눈빛으로 센테는 떠나는 신들을 바라보죠.

엄마, 『사천의 선인』이란 희곡은 정말 재미있어요. 브레히트가 센테를 어떻게 슈이타로 변장시켰는지 아세요? 바로 '거짓 가면'을 씌우는 거였어요. 가면 하나만 쓰면 아름다운 아가씨가 남자로 변하는 거예요. 거기에 옷이나 액세서리를 더하면 마음가짐까지 달라지죠.

과연 희곡 속 인물들만 그럴까요? 현실에 사는 우리도 마찬가지 아니던가요? 아마 심리학자 90퍼센트가 동의할 거예요. 사람들이 종종 가면을 쓰고 살아가는 게 사실이라고요. 하지만 견디기 힘든 게 있으니, 그건 사회에서 먹고살기 위해 가면을 쓰는 데서 그치지 않고 집에서마저 가면을 써야 살아남을 수 있다는 거예요. 세상에 내 몸뚱이 하나 편안히 쉴 구석을 찾지 못한다는 뜻이나 다름없잖아요.

엄마, 제가 보기엔 엄마가 집에서 살아남기 위해 썼던 가면이 바로 '희생' 같아요. 제 가면은 '말 잘 듣는 아이'였던 거고요.

엄마 말씀이 맞아요. 전 엄마를 정말 많이 닮았어요. 우리 모두 좋은 사람을 연기하고 있으니까요. 가정의 생계를 유지하려고 노력하는 좋은 사람말이에요. ✐

누군가 볼까 싶어 두려운 것들.

과연 정말로

나로선 어쩔 도리가 없는 것들일까?

# 현실을 인정하면
## 더 힘들어질까?

사랑하는 은은아.

나를 닮은 딸과 이야기를 한다는 건 마치 마음속 나와 이
야기를 하는 듯한 기분이구나. 엄마는 어릴 때 내 속마음을
제대로 마주한 적이 없었어. 먹고사느라 바빠서 깊이 생각할
시간도 없었고, 때로는 아무 생각 없이 사는 게 힘을 아끼는
방법이기도 했거든.

하지만 나이를 먹을수록 스스로 채워야 할 빈틈이 많아졌
다는 걸 인정하지 않을 수 없구나. 아무리 빈손으로 와서 빈
손으로 간다지만, 관에 눕는 순간 영혼에 남는 게 후회뿐이
라면 정말 싫을 것 같다. 무엇보다 너희 남매에게마저 후회
를 남기고 싶지는 않구나.

은은아, 넌 이 엄마에게 정말 좋은 딸이야. 그런데 '좋다'는 말은 기분에 따라, 일에 따라 뜻이 달라지잖니. 네가 꼭 어떤 모습이어야만 좋은 딸인 건 아냐. 하지만 내 기분이 좋지 않은 순간에는 너를 좋은 딸로 여기지 않는다고 오해했을지도 모르겠다. 그러니 좀 더 정확하게 말해야겠구나. 엄마에게 넌 줄곧 자랑스러운 딸이었단다. 아마 네 동생보다 관심을 좀 덜 줬을지도 모르지만 그건 다른 뜻이 있어서가 아니라, 내가 돌보지 않아도 네겐 스스로 잘 살아나갈 능력이 있어 보였기 때문이야.

　우리 집에 나를 빼면 네 아빠와 네 동생, 너까지 셋이 있잖니. 그중에 나 자신을 대하듯 마음을 놓을 수 있는 사람은 너뿐이었어. 물론 초조하고 불안할 때는 내가 너무 다그친 나머지 너마저 초조하고 불안하게 만든 게 사실이야. 이제 돌아보니 나도 모르게 너를 마치 샴쌍둥이처럼 내 어린 시절과 똑같이 살게 만든 것 같다. 네게는 불공평한 일이겠지만 그래도 엄마가 아빠랑 결혼해 지금까지 사는 동안 너는 내게 없어서는 안 될 위로 같은 존재였단다.

　너라는 좋은 딸이 없었다면 엄마는 좋은 아내가 되지 못했을 거고, 어쩌면 엄마 노릇도 제대로 하지 못했을 거야. 은은아, 이제 보니 정말 다 컸구나. 네가 궁금해하는, 곤혹스러워하는 부분들에 더 이상 동화 같은 답을 할 순 없을 것 같아. 그동안 말하지 않던 엄마의 어릴 적 이야기를 해야 할 것 같다. 이제 완전히 성숙해진 네가 이해하지 못할 게 뭐가 있겠니.

넌 네 아빠가 우리 집에서 가장 감정적인 사람이라고 했지. 그래, 엄마도 아니라곤 못 하겠다. 결혼 초기에는 네 아빠 비위를 맞추는 게 어찌나 힘이 들던지 눈물도 정말 많이 흘렸단다.

내가 아빠랑 싸울 때 입술을 꽉 깨무는 걸 봤다고 했지? 맞아. 그랬어. 처음에는 혼자 꾹 참느라 그런 건데, 나중에는 네 아빠를 보고 있자니 마음이 아파서 그랬단다. 너도 알다시피 엄마는 삼 남매지만 네 아빠는 열 명이나 되는 형제 사이에서 자랐잖니.

너나 네 동생이 대가족 사이에서 자란다는 게 어떤 건지 상상이나 할까 모르겠구나. 옛날에는 아이가 일찍 죽는 경우가 많아서 살아남는 것만 해도 복이었단다. 아빠는 형, 누나, 동생 합쳐 열 명 중에 끝에서 두 번째였지. 집은 가난하고 터울도 크지 않았기 때문에 부모의 관심을 제대로 받기가 쉽지 않았어. 근데 바로 위 고모가 유난히 몸이 약하고 병치레가 잦았단다. 그래서 네 아빠가 태어난 뒤에도 막내 누나는 시시때때로 젖을 먹어야 했다지. 그래서 할머니는 한 팔에는 네 아빠를 안고, 다른 한 팔에는 작은 고모를 안고 있어야 했대. 그 와중에 할머니 배 속에는 또 막내 아이가 자라고 있었지.

막냇삼촌은 아빠랑 똑 닮았는데, 오죽하면 너희가 어릴 때는 아빠랑 막냇삼촌을 헷갈리기도 했어. 아무튼 네 아빠는 아직 아기일 때 이미 형제들에게 치여 자리를 내줘야 했다. 위로는 약한 누나 때문에 엄마 젖을 나눠야 했고, 아래로는 나이 차가 없다시피한 남동생 때문에 또 젖을 거의 얻어먹지 못했으니까. 할머니 말씀에 아빠가 어릴 때 몇 번이나 바지에 쉬를 했는데도 돌봐주는 사람이 없어 얼굴이며 몸에 열꽃이 나고 그랬다는구나. 얼마나 불쌍하니.

할머니를 탓할 일도 아니다. 일부러 그러신 게 아니니까. 네 막냇삼촌이 태어나고 얼마 안 돼 할아버지가 빚보증을 서셨는데 돈을 꾼 사람이 도망을 갔다는 거야. 할아버지는 경찰에 잡혀가고 말았지. 물론 잠깐이었지만 할아버지는 풀려나신 뒤에도 내내 우울하고 답답해하셨단다. 결국 감옥에서 나온 지 얼마 되지 않아 할아버지는 세상을 떠나셨다. 사람들은 병으로 돌아가셨다고 했지만 네 아빠는 할아버지가 자살을 하신 것 같다고 하더구나. 그 얘기를 할 때마다 네 아빠가 얼마나 화를 냈는지 모른다.

은은아, 아빠가 화를 내면 낼수록 엄마는 그 너머의 고통을 더 잘 알 것 같았어. 아빠가 자란 환경에서는 고함치며 울거나 소란을 피우지 않으면 눈에 띄지도 않았던 거야. 겉으로는 조용하고 속으로 삭이기만 하던 착한 할아버지가 비참하게 가신 것도 그렇고 말이다. 그걸 다 아는데 어떻게 아빠한테 맞서 싸우겠니? 내가 울면서 입술을 꽉 깨문 건 절반은 나를 위해서였고, 또 절반은 네 아빠가 그렇게 된 게 딱해서였단다. 엄마와 아빠의 관계는 네가 보고 듣고 상상한 것과 많이 다르단다.

부부란 본래 평생을 싸우고, 평생을 불평하며, 평생 속을 썩이고, 평생을 사랑하면서 사는 거란다. 어찌 보면 이게 내 삶이고 내가 할 일이었던 게지. 태어나면서부터 외할머니를 돕는 사람으로 정해져 있었던 것처럼. 그 과정에서 온갖 맵고, 짜고, 쓴 경험은 다 했지. 그렇다고 해서 말이다, 그런 삶이 내키지는 않았어도 싫기만 했던 건 아니야. 좋은 사람이 됐으면 그 나름대로 행복이 있는 거니까.

은은아, 너만큼은 진짜 행복하게 살기를 바란다. 엄마가 전하는 축복이다.

사랑하는 엄마.

이런 우연이 있을까요? 엄마의 일기가 왔을 때 전 마침 멜라니 클라인이 말년에 쓴 「고독에 관하여*On the Sense of Loneliness*」를 읽고 있었어요. 그 글에 재미있는 부분이 있는데, 삶을 '즐기는' 능력 이야기였어요.

과연 어떻게 해야 삶을 즐길 수 있는 걸까요? 멜라니 클라인은 두 가지가 필요하다고 했어요.

첫 번째는 '감사'예요. 받은 것에 보답하겠다는 아름다운 소망은 마음 깊이 느낄 때 생겨나잖아요. 그러니 감사는 관대함의 기본이라고 할 수 있어요.

두 번째는 '운명을 인정하는 것'인데요. 스스로 얻을 수 있는 기쁨을 기꺼이 받아들이고, 얻을 수 없는 만족을 탐내지 않으며, 좌절한 것에 지나치게 원망하지 않는 걸 말해요.

감사할 줄 알고 운명을 인정할 줄 아는 사람은 대부분 좌절을 두려워하지 않고 삶을 즐길 줄 알아요.

엄마, 전 줄곧 엄마가 사는 게 하나도 즐겁지 않을 거라 생각했어요. 하지만 저 정의대로라면 엄마는 어쩌면 저보다도 행복을 즐길 줄 아는 분인 것 같아요.

어떻게 말하면 좋을까요? 행복을 금화에 비유한다면 엄마는 저보다 금화를 훨씬 많이 가진 부자인 거죠. 물론 전 제일에 충실하고 생활도 다채로운 데다, 행복한 일을 만들어내기 좋은 환경을 갖추고 있어요. 하지만 이런 속담이 있잖아요. '난초 있는 방도 오래 머물면 향기를 맡지 못한다.' 행복한 자극이 거듭되면 행복에도 무덤덤해진다고나 할까요? 엄마의 일기를 보고 반성을 했어요. 그동안 저는 행복하지 못한 일들을 더 크게 여겼나봐요. 가진 것을 기준으로 보면 저도 부자인데 마음은 가난뱅이였던 거예요.

그래요, 원체 예민한 데다 행복하지 않은 일에 더 민감했던 거죠. 부정적인 성향은 자칫 삶의 전반으로 확산되기 십상인데 말예요.

엄마, 며칠 전에 샤오칭얼이 기말고사를 마쳤어요. 엄마도 아시겠지만 제가 늘 바쁘다 보니 아이 공부에 크게 관여

하지 않는 편인데요. 근데 시험을 보던 주에 샤오칭얼에게 잔소리를 했어요. 숙제도 안 해놓고 텔레비전만 보기에, 알아서 공부 좀 하라고요. 그랬더니 샤오칭얼이 영 못마땅한 얼굴에 무거운 발걸음으로 방에 들어가더라고요. 한숨 소리가 방문 밖으로 다 들렸어요. 겨우 초등학교 3학년인 녀석이 잔뜩 구겨진 얼굴로 일주일을 보내더니 어제 그러는 거예요.

"시험 본 지 얼마나 됐다고 또 숙제를 해야 하다니, 나도 진짜 불쌍하다."

사실은요, 그 며칠 전에도 화가 났는데 제가 꾹 참고 아이를 다독였거든요. 근데 생각할수록 짜증이 나지 뭐예요. 멋대로 성질부리는 녀석을 대체 얼마나 참아줘야 할까요? 결국은 참다못해 한마디 했어요. 그래놓고 제 맘인들 편했겠어요? 문득 애가 구겨진 얼굴을 펴고 웃는데, 바로 후회가 몰려오더라고요. 행여나 저한테 잘 보이려고 억지로 웃는 건 아닐까 두려워서요.

그 순간 깨달았어요. 전 아이가 즐겁지 않은 걸 가만히 두고 보지 못한 게 아니라, 아이가 행복하지 않은 걸 차마 볼 수 없었던 거예요. 그래요. 통 큰 엄마, 마음 열린 엄마가 되려고 이렇게 노력하는데 어떻게 샤오칭얼이 제 기대를 저버리고 행복하지 않을 수 있죠? 만약 아이가 행복하지 않다면 제가 들인 노력은 헛수고가 되는 거잖아요.

태엽 감듯 꾸역꾸역 노력한 일들이 좌절되면 원망이 자라게 마련이에요. 감당할 수 있는 정신력을 넘어서 희생하다 보면 그에 걸맞은 보상을 방해하는 장애를 점차 받아들이지 못하게 되거든요.

그렇다면 제 노력은 뭐가 되죠? 사람들은 왜들 그렇게 노력하는 건데요? 길거리에 바쁘게 다니는 사람들을 보세요, 엄마. 대부분 저처럼 지나치게 노력하는 사람들이에요. 손에 쥔 걸 놓지 못하고 그 안에 뭔가 그럴 듯한 게 있다고 여기면서 확신 없는 미래로 나아가려 하죠.

모두 불안감 때문이에요. 지나치게 노력한다는 건 다 불안해서 그러는 거예요.

엄마, 엄마가 제게 자랑스러운 딸이라고 말씀해주시니 마음속에 존재하던 막막함에 숨 쉴 틈이 생긴 것 같아요. '좋은 딸'의 정의가 매우 추상적이라서 제가 꼭 어떤 모습일 필요는 없다는 말, 정말 너무 감동해서 눈물 콧물 다 쏟고 말았어요. 게다가 엄마 기분이 좋지 않을 때는 제가 지레 좋은 딸이 아니라고 오해할 수도 있었다고 인정해주시다니! 무릎이라도 꿇고 하늘에 감사하고 싶었답니다. 드디어 엄마 눈이 트이는 날이 온 거잖아요.

이런 기분을 '감사'라고 하는 거겠죠? 비로소 삶이 아름답다고 느끼고 있어요. 추운 겨울날 따뜻한 햇살에 몸을 녹이다 입가에 미소가 번지는 것처럼요. 세상의 폭력을 물리칠 수 있는 것이 '부드러움'이라면, '불안'을 가장 크게 잠재우는 건 분명 누군가의 '이해'일 거예요. 엄마, 정말 고마워요.

다만 전 아직 '운명을 인정하는 것'은 완전히 배우지 못했나봐요. '해야 할 일을 했다'는 엄마의 생각에 멜라니 클라인의 이론처럼 마음이 움직이긴 했지만 여전히 저는 '현실을 인정하는 길'을 찾고 있어요.

엄마, 저랑 이 길을 같이 가주시겠어요? 🍃

살면서 일어난 '현실' 가운데

지금까지 받아들이지 못하는 것들.

과연 어떤 것들일까?

# 2 세상에 나오는 순간
## 이미 불안은 생겨난다

### 불안은 탄생과 동시에 시작된다

심리학자는 '운명을 인정'하는 문제로 어머니와 매우 오랜 시간 갈등해왔다. 하지만 어느 쪽도 먼저 문제를 드러내 이야기하지 못했다. 심리학자는 석 달에 걸쳐 멜라니 클라인이 연구한 내용을 다시 읽었고, 마침내 중요한 이론을 정리해냈다.

'운명을 인정하는 법을 배우지 못하는 건 불안이 지나쳐 정신적으로 성숙해지는 걸 방해하기 때문이다! 불안의 근원을 알아야 문제를 해결하는 길을 분명하게 알 수 있다.'

심리적인 문제를 극복하려면 시간을 들여서라도 마음에 문제가 생기는 원인을 이해해야 한다. 이것이 이 심리학자가 배운 가장 중요한 메시지다.

# 내가 가진 능력의
# 한계에 대한 불안

상처와 함께 태어나다

사랑하는 엄마.

종종 생각하는 건데요, 세상에 처음 나온 사람은 과연 어떤 식으로 세상을 인지할까요?

누군가는 신생아가 목청 높여 울어제끼는 건 세상에 진 빚을 갚으러 왔다는 걸 알기 때문이라고 하더라고요. 물론 과학자들 생각은 달라요. 신생아가 엄마의 몸을 떠나 첫 호흡을 할 때 폐에서 공기를 배출하게 되는데, 기체가 성대를 통과하면서 진동이 일어나 강하고 힘 있는 울음이 터진다는 거예요. 폐 호흡이 완성되면 아기의 혈액 순환이 시작되고 몸속 장기들도 맡은 임무를 착착 수행하죠. 탯줄에 의지하던 모체와 연결이 끊기고, 새로운 생명으로 독립하는 거예요.

수중 세계를 둥실둥실 떠다니던 아기는 갑자기 밝고 차갑고 시끄러운 세계로 소환되어, 완전히 새로운 환경에 접촉하는 거예요. 입과 코에 와 닿는 자극이 너무나 크고, 막 활동을 시작한 심장과 허파가 충격을 더하죠. 그러니 강렬하게 앙앙 소리를 내 자기를 돌보게 만들고요. 새로운 생명의 독립은 너무나 미묘해서, 유형의 탯줄은 곧 무형의 구속이 되어 결코 끊어지지도, 사라지지도 않아요.

샤오칭얼을 낳고서 산후조리실에 누워 있는데, 간호사가 울어대는 아이를 제게 데려왔어요. 배고픔으로 욕망과 불안이 역력한 아기의 작은 입을 달래려고 저는 뭉클한 마음으로 젖이 차오른 가슴을 내밀었죠.

아기의 입과 어미의 젖가슴이라니, 세상에서 가장 아름다운 첫 만남의 순간 아니겠어요? 하지만 불과 몇 초 만에 이 아름다운 순간은 완전히 산산조각 났어요. 아이가 부드러운 젖꼭지를 뱉어내고는 있는 힘껏 울어댔거든요.

"어머, 제대로 젖을 못 빠네. 힘내, 아가야."

간호사가 열심히 응원을 하는 와중에 아이는 젖을 무는

둥 마는 둥 울어대기를 반복했죠. 젖을 찾는 아이의 숨결은 점점 거칠어졌고, 우는 소리도 처음엔 냇물 소리 같더니 나중엔 폭포 소리처럼 커졌어요. 한참을 그러다 보니 저도, 샤오칭얼도 지치고 말았죠. 가슴이 퉁퉁 붓도록 젖은 한 방울도 나오지 않았어요. 아기는 배가 고파 숨이 넘어가는데 귀한 초유는 나오지 않는 거예요.

"그만하죠, 너무 힘드네요."

샤오칭얼이 울어대는 통에 마음이 급해진 저는 전동 유축기를 가져다달라고 했어요. 그런 다음 이를 악물고 뜨거운 수건으로 돌처럼 딱딱해진 가슴을 풀었죠. 유축기 모터가 돌면서 노란 젖이 젖병으로 떨어지기 시작했어요. 양은 얼마 되지 않았지만 따뜻한 손에 쥐고 있다 엄마의 체온으로부터 떠나보냈죠.

샤오칭얼은 마치 보물이라도 얻은 양 입을 오물거리며 목마름을 해결했어요. 하지만 고작 그 정도 초유로 아이의 왕성한 입맛을 만족시킬 수 있나요?

"모자라, 모자라다고!"

아이가 다시 울어대는데, 그게 제 귀엔 저렇게 들렸어요. 제 마음속에는 다시 좌절감이 쌓이기 시작했고요.

옆방 엄마는 저보다 잘하고 있었어요. 앙앙대는 아기 울음소리 뒤에 금세 환호성이 들리더라고요.

"봐요, 얘가 먹을 줄 알아요, 먹고 있잖아요."

"어쩜, 이 조그만 입 좀 봐, 너무 귀엽잖아."

옆방 아기는 고생 끝에 엄마 젖 빠는 법을 터득한 듯했죠.

어찌나 궁금하던지, 후들거리는 다리로 일어나 옆방을 훔쳐봤어요. 옆방 엄마는 젖가슴을 다 드러낸 채로 손을 흔들며 들어오라고 하더군요.

가까이 가보니 얼굴이 쪼글쪼글한 아이가 새하얀 젖가슴을 물고 안정적으로 젖을 빨고 있었어요. 아기가 몸을 동글게 웅크린 모양이 꼭 고난도 요가 동작처럼 특이했는데, 어른은 따라 할 수 없을 것 같았어요. 엄마가 숨을 쉴 때마다 아기 몸이 함께 오르락내리락하는 게 부드러운 율동처럼 보였죠. 얼마나 아름다운 장면인지, 눈이 부셔 눈을 제대로 뜰 수 없었어요.

하지만 호시절도 잠깐이라고, 옆방의 평화도 얼마 가지 못했어요. 분명 젖 빠는 법을 배운 아기가 점점 더 큰 소리로 우는 거예요.

풍만한 그 엄마는 젖이 잘 돈다는 음식을 골라 먹어가며 밤낮으로 먹이느라 바빴지만 아기의 식탐이 엄마의 노력을 앞질러 갔어요. 그렇게 먹고도 배가 고프다고 어찌나 울어대던지.

그 엄마의 자애롭던 얼굴에 점점 그늘이 드리웠어요. 젖 물릴 시기를 놓친 저는 그 옆에서 한숨을 쉬었고요.

며칠 지나지 않아 '미안한 엄마 모임' 회원이 하나둘 늘어났어요. 옆방 엄마의 아기는 황달 지수가 높아져 치료를 받게 됐고, 다른 집 아기는 위에 가스가 차 밤새 우느라 잠을 못 잤거든요.

엄마, '엄마는 강하다'는 말도 안 되는 말은 대체 누가 한 걸까요? 엄마가 된 것만으로도 겁이 나 죽을 지경인데 애는 수시로 울어서 마음을 아프게 하고. 제 능력의 한계를 누구보다 잘 아는데, 알 수 없는 모든 위협에 어떻게 대처하면 좋을지 도통 모르겠더라고요.


엄마는 아기를 완벽하게 만족시킬 수 없고 아기에겐 세상을 이해하는 능력이 부족하다. 두 유한성이 함께 있으면 반드시 혼란과 상처를 겪을 수밖에 없다.

멜라니 클라인이 한 말이래요. 흔히들 부모가 아이에게 상처를 준다고 하지만 꼭 그런 건 아니었어요. 뜻밖에도 사람에겐 태어나면서부터 상처가 존재했던 거예요.

사랑하는 은은아.

널 낳던 날이 아주 생생하게 기억난다. 젖을 먹겠다고 애쓰던 네 얼굴에 마음이 얼마나 급해지던지. 은은아, 네가 어른이 됐다는 걸 잘 알면서도 엄마는 너에 관한 일이라면 신경을 쓰지 않을 수가 없구나. 네가 그렇게 좌절하는 순간마다 엄마가 아무 도움이 되지 못하니 어쩐지 마음이 불안하다. 그래, 엄마도 능력에 한계가 있다는 걸 인정할 수밖에 없구나. 아이 둘을 낳고 키웠어도 처음 엄마가 된 네게 힘이 되어주지 못하잖니.

사람이란 게 원래 그런 것 같아. 불안해서 힘을 못 쓸수록 초조해져서 아무 방법이라도 일러주고 싶어진달까.

엄마는 평생 기억할 것 같아. 네가 아이를 낳고 며칠 뒤에 갑자기 나한테 폭탄선언을 한 거 말이야.

"엄마, 부담스러우니까 그만 좀 하세요. 도대체 언제까지 잔소리를 하실 거예요? 계속 저한테 그러시잖아요? '그것 봐라, 내가 말했잖아.' 저도 엄마가 대단하다는 거 알아요. 엄마가 제 엄마인 거 잘 안다고요. 그러니까 저도 숨 좀 쉬게 해주시면 안 돼요? 내 애는 내 방식대로 키우게 좀 놔두세요!"

그 말을 듣고 굉장히 섭섭했는데, 다른 한편으로는 사실 나 자신을 책망했단다. 내가 한 말들이 좌절을 겪는 초보 엄마에게는 탓하는 걸로 들린다는 걸 알았거든. 그러니 이것만은 알아주렴. 전혀 그런 뜻이 아니었다는 걸 말이야. 🖋

사랑하는 엄마.

불안할 때 우리는 본래 뜻과 다르게 행동하게 되나봐요.
엄마는 계속 저를 도와주려 하셨는데 제가 참지 못하고 화
를 낸 것처럼요.

자기 능력에 한계가 있다는 걸 있는 그대로 받아들이고
인정하는 사람은 없어요. 그래서 종종 '전능한' 자기를 기대
하면서 삶을 통제하고 주변 사람들을 괴롭히는 거예요.

그러다가 위대한 대상이나 대자연과 마주하고서야 자신
이 얼마나 보잘 것 없는지 느끼고, 능력에 한계가 있다는 것
이 실제로는 큰 행복임을 깨닫죠.

사랑하는 엄마, 능력의 한계 때문에 불안해지더라도 우리
가 정말로 손을 놓게 되는 마지막 날까지 더 이상은 지나치
게 애쓰느라 힘들지 않기로 해요. 🖋

# 환상 세계의 불안

불안으로 가득한 세상에 맞서 '환상'을 배우다

사랑하는 엄마.

어느 날 자고 있는데 외계인이 와서 엄마를 잡아갔다고 가정해봐요. 흔들리는 우주선에서 몽롱한 상태로 깨어나는 거예요. 눈을 떠보니 한 번도 본 적 없는 광경뿐이고, 괴상한 외계인이 쳐다보고 서 있는 거죠. 그들이 엄마를 둘러싸고는 알아들을 수 없는 외계어로 손짓 발짓 해가며 이야기를 해요. 게다가 아주 낯선 체온, 처음 접하는 피부로 엄마 몸을 만져대는 거예요.

친근한 의미로 하는 행동인지 적의인지도 알 수 없고, 기이한 상황에서 무슨 일이 벌어지고 있는 건지 판단이 되질 않아요. 그럴 때 엄마라면 어떤 기분이 들 것 같아요? 저라면 아마 등골이 서늘해지고 굉장히 무섭고 불안해질 것 같아요.

사람이 처음 세상에 나왔을 때의 느낌이 분명 이럴 거예요. 새로운 생명은 세상에 대해 아는 바가 없고, 모든 대상에 불안감을 느낄 테니까요. 불안은 왜곡되고도 현실과 동떨어진 묘한 존재로 사람과 연결되어 있어요. 멜라니 클라인은 이렇게 말했죠.

우리가 가장 처음 경험하는 현실은 온전히 환상적이며, 그 순간 우리를 둘러싼 것은 비실제적인 현실이다.

이럴 때 우리 정신은 새로운 자극으로 발생한 불안에 맞서는 데 온 에너지를 끌어다 썼어요. 사람 모습을 하고 있다 한들 오장육부 육신만으로는 자아의식을 갖춘 개체로 볼 수 없죠. 반면 불안을 해결할 능력이 충분히 발달하면 새로운 자극을 스스로 소화하고 감당하면서 우리 안의 일부로 내재화할 수 있게 돼요.

멜라니 클라인이 임상 관찰을 한 결과 '환상'은 아이들이 불안을 해소하기 위해 가장 흔히 사용하는 방식이라고 말한 것도 그래서죠.

샤오칭얼이 돌이 될 때까지 전 세상에서 가장 바쁜 엄마였어요. 속으로는 아이를 제대로 돌보지 못해 자책하면서 한편으로는 아이가 딱딱 시간 맞춰 규칙적인 일상을 보내길 바랐죠. 전 네 시간에 한 번씩 젖을 먹이는 규칙을 만들려고 했는데, 그게 마음처럼 되지 않았어요. 아직 시간이 안 됐는데도 마음이 급해 젖병을 물리지 않으려고 얼마나 참았는지 몰라요. 샤오칭얼이 보채면 노리개 젖꼭지를 물려 죄책감을 덜곤 했죠.

처음에는 젖이라곤 한 방울도 안 나오는 노리개 젖꼭지를 물리니 아이가 금방 내뱉더라고요. 경험이 없는 전 그저 다시 아이 입에 물리는 수밖에 없었어요. 아이를 토닥이거나 이마를 짚어주고 되지도 않는 노래도 흥얼거리면서요.

아이는 노리개 젖꼭지를 밀어낼 수도 없고 진짜 젖을 먹지도 못한다는 걸 안 뒤로 더 이상 처음처럼 자지러지게 울지 않게 됐어요. 잔뜩 찌푸리던 눈썹도 펴고 노리개 젖꼭지를 물고 순식간에 잠이 들기도 했고요.

얼마 뒤부터는 젖을 기다리다 지치면 알아서 엄지손가락을 빨더라고요. 시간이 지나면서 아이는 제 목소리가 들리거나 제 손이 뺨에 닿아 있기만 해도 젖을 먹지 않고 잠이 들었어요. 저는 그럴 때 아이가 환상 속에서 노리개 젖꼭지나 손가락을 빨면서 젖 먹는 상상을 하게 됐다고 생각해요.

이건 상당히 기이한 심리 기제인데요. 보통 마음에 상처를 입으면 어떻게 해서든 불안을 잠재우는 방법을 터득하니까요. 아이는 환상을 보고, 엄마는 아이가 환상을 보고 있다는 환상을 품은 거죠.

하지만 환상 세계에도 맑은 날이 있고 구름이 끼거나 비가 오는 날이 있어요. 샤오칭얼은 언제나 귀여운 천사였지만 사실 울고 떼를 쓸 때가 훨씬 많았어요. 그럴 때는 기저귀를 갈고 젖을 먹여도 신경질적인 울음소리를 멈추지 않더라고요. 아이는 손을 내저으며 엄마의 갖은 선의를 거절하고, 엄마를 향해 악에 받쳐 소리를 질러요(과장이 아니라니까요). 만약 엄마가 침착하게 아이의 기분이 가라앉길 기다리지 못한다면 양쪽 다 피 말리는 전쟁을 치를 수밖에 없죠.

저는 샤오칭얼이 말을 하게 된 뒤에야 아이의 울음에는 말보다 더 많은 표현이 담겨 있다는 걸 알게 됐어요.

언젠가 애 아빠 옷을 사러 나갔는데, 아범이 장난으로 아이 성질을 돋우는 거예요. 약이 바짝 오른 애가 토라져서 고개를 돌리고는 중얼거리기 시작했어요. 뭐라는 건지 궁금해 슬쩍 들어보니 이런 말을 반복하더라고요.

"아빠 미워."

"아빠가 세상에서 제일 미워."

"아빠 필요 없어."

모른 척 아이 손을 잡고 걷던 중에 멋진 옷을 입은 마네킹을 보았는데, 갑자기 애가 마네킹을 이쪽저쪽 때리며 그러지 뭐예요.

"나 아빠 발로 찰 거야."

"내가 아빠 때려줄 거야."

제가 샤오칭얼에게 "아빠는 남자인걸" 하고 일러주니 애는 자기가 여자 마네킹을 친 걸 알고 금세 옆에 있는 남자 마네킹을 때리기 시작했어요.

제 눈에 샤오칭얼은 환상 속에서 왼손으로 아빠의 머리채를 꽉 틀어쥐고 오른손으로 훅을 날리며 복수를 하는 것 같았어요. 아이의 씩씩거리는 숨소리가 아빠의 가증스러운 얼굴에 닿을 듯이 생생하더라고요. 그래서 제가 샤오칭얼의 손을 당기며 말했죠.

"가자, 엄마랑 가서 아빠 때려주자."

그러니까 아이가 금세 하던 짓을 멈추고 고개를 잘래잘래 흔들지 뭐예요.

"엄마가 도와줄게."

전 샤오칭얼을 데리고 아범 쪽으로 가서 아이의 환상 속에 있는 가증스러운 남자에게 말했어요.

"조금 아까 당신이 잘못 말했어. 그러니까 우리가 당신 엉덩이를 때려줄 거야!"

전 남편에게 눈짓하며 허풍스럽게 샤오칭얼의 손을 잡아 애 아빠의 엉덩이에 휘둘렀어요. 한 번, 두 번….

아이는 깔깔거리며 웃어댔고 얼굴에 드리웠던 그림자는 금세 사라졌어요. 그러고는 무슨 일 있었냐는 듯 방방 뛰어놀았죠. 아이의 마음속 불안이 환상에서 현실로 튀어나와 해소되는 장면을 목격한 순간이었어요.

그러자 지난날 아이가 환상을 보는 걸 막으려 했던 제 자신이 원망스러워졌어요. 순진무구한 아이에게 어울리지 않는 '나쁜' 생각은 상상조차 해선 안 된다고 생각한 거죠.

멜라니 클라인을 알기 전까지 저는 아이가 불안할 때 안전한 상태에서 환상을 체험할 수 있는 아지트를 만들어줘야겠다는 생각은 전혀 하지 못했어요. 사실은 그런 '환상'이야

말로 사람이 타고난 가장 위대한 자유일 텐데 말예요. 상상조차 하지 못하게 만드는 억압이 환상 속 미움을 진짜 위험하게 만드는 것인데 말이죠. 🖋

사랑하는 은은아.

엄마 생각에는 아이만 환상을 보는 게 아니라 다 늙은 엄마도 종종 환상을 보는 것 같다. 이를테면 네가 편지 말미에 '억압'이란 두 글자를 썼을 때 엄마 마음에선 이런 환상이 보이더구나.

'은은이도 혹시 어릴 적에 내가 자기 환상을 억압한 걸 질책하는 걸까?'

어떻게든 이런 생각을 몰아내려 해도, 은은이 넌 그런 뜻으로 말한 게 아니라고 나 자신을 타일러도, 이 엄마를 탓하는 것 같은 기분이 드는 건 어쩔 수가 없구나.

네 말처럼 엄마의 마음은 본래 이렇게 유약하단다. 우리는 좋은 엄마가 될 거란 환상을 품으면서 동시에 스스로 진짜 좋은 엄마는 못 될 거란 환상을 갖게 되지.

자식들은 어른이 되도록 알지 못할 거다. 부모라고 해서 꼭 성숙한 건 아니라는 걸 말이야. 이렇게 나이를 먹은 우리도 옛날처럼 내가 아이들에게 필요할 거라는 환상을 품는단다. 아이가 기댈 만한 좋은 부모가 될 수 있다는 듯이, 그래야 계속 살아갈 가치가 있으니까.

이 기분은 정말 말로 표현하기 어렵구나. 여러 모로 나보다 강해진 자식이 자랑스러우면서도 다른 한편으로는 아직 내가 가르칠 게 남아 있다는 환상을 갖고 산단다. 그래서 자꾸만 나도 모르는 사이 잔소리를 하고 이래라 저래라 참견을 하는 거야. 입버릇처럼 "너를 생각해서 그런다"면서 말이지.

언젠가 더 이상 너희에게 엄마 아빠가 필요 없어지면 그때는 어떻게 하면 좋을까?

어떻게 하면 좋겠니, 은은아?

엄마는 네가 이렇게 똑똑해서 나와 다른 엄마가 되어가고 있다는 게 정말 기쁘다. 청출어람, 자식이 부모를 훌쩍 넘어선다는 걸 이렇게 실감하는구나.

아휴, 환상 세계란 게 참 사람을 불안하게 하네. 엄마는 그냥 다 자란 뒤에도 네가 엄마를 기억해 돌아오는 환상을 품을 뿐이다. 🖉

사랑하는 엄마.

애들은 원래 나가 놀 궁리밖에 안 해요. 하지만 엄마가 말씀하시면 전 언제나 엄마를 떠올리며 돌아올 거예요.

# 사랑하는 이가
# 공격할지도 모른다는 불안

### 환상이 현실이 되면 어떡하지?

사랑하는 엄마.

심리학에 따르면 사람이 가장 처음 갖는 환상은 굉장히 원시적이래요. 이를테면 드넓은 들판에서 좋아하는 사냥감 (사람)을 만나면 그 사랑하는 대상을 꿀꺽 삼켜 내 것으로 만든다든지, 적이나 침략자를 만났을 때 상대를 잘근잘근 씹어 삼키는 환상을 보는 거죠.

사랑에 대한 욕망과 미움은 줄지은 행진 대열처럼 착착, 입으로 느끼고 집착하는 단계에서 점차 몸의 다른 부위로 발전해요. 입은 강력한 힘으로 무엇이든 삼킬 수 있어서 마치 동화 속 불 뿜는 용처럼 입 하나로 사람도 집어삼킬 수 있죠.

사랑에 대한 욕망과 미움은 본질적으로 통하는 데가 있어요. 사랑은 일종의 욕망이고, 미움은 욕망의 좌절에서 비롯되거든요. 사랑하는 사람이 우리 욕망을 좌절시키면 미움이 싹트잖아요. 그래서 실제로 우리가 미워하는 사람은 대부분 한때 사랑했던 사람이기도 해요.

이렇게 원시적인 혼란 상태는 오로지 젖 먹는 것 말고는 달리 할 줄 아는 게 없는 아기와 큰 차이가 없어요. 태어나고 몇 달이 지나 세상에 익숙해지면서 아이는 자연스럽게 파괴력을 가진 사랑과 미움의 감정을 알아가는데요. 그렇게 세상과 마주하는 과정에서 불안감에 새로운 요소가 추가돼요. 바로 '죄책감'이죠.

속으로 품은 환상에 미안해지기 시작하는 거예요. 행여 환상이 실제가 될까 두려워 불안과 초조가 가중되고요. 한때 불안을 해결하는 통로였던 환상이 쌓이고 쌓이면서 오히려 불안감을 곱절로 키워 감당하기 어려워지는 거예요. 그래서 무너지지 않으려고 점차 불안감을 일으키는 환상을 잘라 밖으로 투사하게 되죠. '그 나쁜 생각은 남에게서 비롯된 것이다', '내가 사랑하는 사람을 집어삼키고 싶은 게 아니라 그 사람들이 와서 내게 먹히는 것이다' 이런 식으로 말이에요.

마음 깊은 곳에 있던 사랑과 미움이 외부에서 온 침략자 같은 거대한 괴물이 돼버리는 거예요. 내 안의 괴물이 호시탐탐 기회를 노리다 우리가 잘못을 하는 순간 엄격하고 가학적인 벌을 내린다고나 할까요.

엄마, 〈거장들의 어린 시절Enfances〉이라는 영화를 아세요? 영화계의 거장 감독 여섯 명의 유년기 사건을 담은 영화인데, 여기에 서스펜스물의 대가 앨프리드 히치콕 감독의 어린 시절이 나와요.

히치콕은 어려서부터 극장에 가는 걸 좋아했대요. 특별히 좋아하는 여배우의 사인이 담긴 사진들을 스크랩해 직접 사진집을 만들 정도였죠. 사춘기 남학생이었으니 선망의 대상으로 여배우는 제격이었겠죠?

아무 일도 일어나지 않았다면 히치콕은 극장을 드나들며 영화를 즐기는 아름다운 나날을 이어갔을 거예요. 하지만 어머니가 소년 히치콕의 작은 비밀을 알아챘고, 그의 방에서 보물 1호인 스크랩북을 찾아냈어요. 그런데 히치콕의 어머니는 아들이 먼저 이실직고하지 않았다는 이유로 노발대발했고, 심지어 그 소중한 사진집을 난로에 던져 태워버렸죠.

눈앞에서 보물이 불타는 걸 뻔히 보면서도 어린 히치콕은 반항하지 못했어요. 너무 놀라 그저 주먹을 꼭 쥔 채 휘청휘청 방으로 돌아갔다고 해요.

그날 밤, 히치콕은 꿈을 꿨어요.

아무도 없는 건물에서 그는 캄캄한 복도를 걷고 있었어요. 온통 기이한 공기가 둘러싸고 있었죠. 잠시 후 바닥에 흩어진 무언가를 맞닥뜨렸는데, 그건 머리가 산발이 된 어머니의 조각난 사체였어요. 끝을 알 길 없는 거대한 어둠의 그림자가 요괴처럼 그를 집어삼키려고 입을 쩍 벌리고 기다리는 것 같았죠.

히치콕은 곧 꿈에서 깼지만 이 불안을 위로해줄 사람이 없었어요. 그 뒤 음식을 꾸역꾸역 먹어대는 버릇이 생겼다더라고요. 기록을 보면 너무 많이 먹어서 살이 찌는 바람에 군대도 가지 않았대요. 히치콕의 비만은 흔히 상상하는 정도를 크게 뛰어넘는 수준이었다고 해요.

제가 보기에 엄한 엄마 밑에서 자란 아이들은 대체로 마음속에 말로 표현하기 어려운 불안이 있는 것 같아요. 다행히도 히치콕은 포기하지 않고 불안감을 해소할 출구를 찾아냈어요. 그는 영화를 50편 넘게 찍으면서 그 안에 학대, 살인, 독살, 재난 등등 인간 본성에 자리한 모든 악을 담아냈죠. 히치콕은 범죄자가 태어나면서부터 지닌 가증스러운 면모는 물론이고 범죄 행위 이면의 동정할 만한 일면까지 영화로 표현했어요. '영화계의 프로이트'라 불려도 조금도 이상하지 않을 정도죠.

명작으로 손꼽히는 〈사이코Psycho〉를 보면 사랑하는 사람을 위해 회사 공금을 훔쳐 도망친 미녀 마리온이 나오는데요. 세차게 비가 내리는 밤 도로변 모텔에 들어간 마리온은 그곳에서 수려한 모텔 주인과, 그런 아들을 지나치게 통제하는 어머니를 만나게 되요. 하지만 영화가 채 중반에 이르기도 전에 마리온은 살해당하고 말아요. 살해 용의자로는 잘생긴 아들이 마리온을 사랑하게 될까봐 이를 막으려 한 미친 어머니가 지목되고요.

히치콕은 사건의 진상을 매우 생생하게 묘사해요. 사람들은 카메라를 등지고 흔들의자에 앉아 있는 미친 어머니를 찾아내는데, 어깨를 툭 쳐 어머니가 빙그르르 돌면서 얼굴을 드러내자 경악을 금치 못하죠. 이미 오래전에 죽어 바싹 마른 시체였던 거예요. 사실 마리온을 죽인 범인은 어머니 옷을 입고 범죄를 저지른 모텔 주인 남자였어요. 그는 해리성 정체장애<sup>다중인격</sup>를 앓고 있었죠.

영화 말미에 정신과 의사가 등장해 사건의 내막을 설명해요. 그에 따르면 어머니의 통제욕과 아들의 의존증이 엉겨 서로 떼려야 뗄 수 없는 존재가 되고 말았다고 해요. 어느 날 어머니가 한 남자를 알게 됐는데, 아들은 어머니가 자기를 배신했다고 느끼죠. 결국엔 어머니와 남자를 죽이기에 이르러요. 그 뒤 아들은 어머니를 살해했다는 죄책감에서 벗어나지 못하고 어머니를 흉내 내며 사람들의 목숨을 어머니에게 바치죠. 그는 어머니의 모습으로 사는 것으로 아직 어머니가 죽지 않았다는 허상을 유지하며 나약한 자신과 통제 심한 어머니의 인격을 오갔어요. 그런데 뜻밖에 미녀 마리온이 등장하면서 아들의 외로운 마음에 파문이 일고, 단단하게 연결된 모자의 감정에 금이 가기 시작한 거예요. 두 사람의 관계를 유지하려면 마리온이 죽어야만 했던 거죠.

"마치 다른 사람은 전혀 없는 세계에 사는 거나 다름없었어요. 그는 병적으로 어머니를 질투했기 때문에 어머니도 자기에게 질투를 느낀다고 생각한 거예요."

엄마, 저는 이 대사에 깊이 감탄했어요. 만약 아이의 환상에 공격 욕구가 담겨 있더라도 자상한 부모가 곁에 있다면 마음속 불안감은 자애로운 현실에 자연스럽게 녹아내려요. 하지만 부모가 환상보다 더 무서운 '괴물'이라면 아이는 도망갈 곳 없는 막다른 골목에 몰리는 셈이죠.

히치콕을 정말 대단한 감독이라고 여기는 이유가 이거예요. 그의 영화들은 전부 암울한 주제를 다루지만 감독은 한결같이 배역에 깊이 이입해 그 인물의 노력을 보여주거든요. 본인은 놀림거리가 될 만큼 뚱뚱했지만 영화 안에서 그는 가족 관계가 막다른 길에 내몰려도 살아나갈 희망의 길을 터주려 노력했어요.

엄마, 이런 생각을 하다 보니 저도 문득 제 삶에 쌓인 슬픔과 고통을 툭 털어놓을 수 있을 것 같았어요. 히치콕의 영화를 보며 상처도 그 나름의 기능이 있다는 걸 알게 된 거죠.

가장 우아한 살인은 집 안에서 일어난다. 이를테면 편안한 식탁에서 가장 따뜻한 방식으로 진행된다.

텔레비전에서 살인 장면을 보면서 사람들은 적의를 해소한다. 당신 마음에 적대감이 없다 해도 다른 사람이 당신에게 그런 마음을 품을 수도 있지 않은가.

최고의 살인극 대가였던 히치콕이 한 말이래요. 🖋

은은아.

네가 중학생 때 받아온 연애편지를 엄마가 싹 내다버린 기억이 나는구나. 그 무렵 네 성적이 많이 떨어져서, 엄마는 네가 연애 때문에 시간을 허비한다고 생각했어. 그래서 네가 아끼는 편지를 상자째로 쓰레기통에 버려버렸지.

그런데 말야, 말은 하지 않았지만 사실은 내내 후회를 했 단다. 눈물을 뚝뚝 흘리며 나를 빤히 보는 네 얼굴을 보면서 내 행동이 지나쳤단 걸 알았거든. 그때는 그렇게 하지 않으 면 네가 고분고분할 리 없다고 생각했어. 그냥 내버려뒀다가 돌이킬 수 없는 지경이 될까봐 걱정한 거지.

그 일이 있고 나서 엄마도 널 제대로 위로해야 한다고 생 각했어. 하지만 도저히 이해할 수 없다는 듯 분노에 찬 네 눈 을 보니 어떻게 다가가야 좋을지 모르겠더구나. 그렇게 그

일은 어영부영 지나가버렸다. 엄마도 한때는 너를 그렇게 대하면 안 된다고 생각했단다. 하지만 비슷한 충돌이 반복됐고 점차 우리 모녀 사이에 응어리가 되고 만 것 같다.

아마도 네 마음속 엄마는 커다란 괴물의 모습이겠지? 엄마를 대하는 네 말투도 점점 날카로워지고 짜증이 가득했잖니. 엄마가 가까이 다가갈 수 없을 만큼 말이야. 그래서 엄마도 차라리 정색을 하기로 마음먹은 것 같아. 너도 알 거야. 부모란 사람들이 원체 체면을 중시하고 근엄한 척한다는 걸. 그래서 결국 엄마는 어쩔 수 없이 진짜 괴물을 연기해야 했던 것 같아.

괴물 엄마의 이미지도 달라질 가능성이 있을까(혹시 너도 언젠가 살인 소설의 대가가 될지 모르겠구나)? 🖋

사랑하는 엄마.

제가 아는 한, 스스로 괴물 엄마가 아닐까 고민하는 엄마는 괴물이 아니예요.

딸 입장에서 지난 일을 후회하는 엄마의 사과를 듣고 있자니 설사 한때 무서운 환상을 품었다 해도 응어리가 좀 풀리는 것 같네요. 이게 살인 영화를 보거나 살인 소설을 쓰는 것보다 훨씬 쓸모 있겠는걸요(가끔은 엄마의 유머 감각도 꽤 괜찮다니까요). 🖋

# 현실을 부정하려는 불안

## 잃었다는 사실을 인정하지 않으면 가질 수 없다

사랑하는 엄마.

사랑스러운 사람이 밉기도 한 경험, 아마도 대부분 그런 경험이 있을 거예요. 본성 깊이 존재하는 모순 앞에서 사는 게 무상해지고, 그 때문에 관계에서도 끝없는 충돌과 고통이 일어나죠.

그러나 어두운 곳에 숨어 있던 상처를 밝은 데 내놓고 보면 고통 가운데 대부분은 지난날의 환상일 뿐 어른이 된 지금의 현실과는 완전히 다르더라고요.

아이러니하게도 우리는 고통 유발 요인이 이미 사라진 뒤에도 그 사실을 쉽게 인정하지 못해요. 고통을 주던 사람이 그렇게 엉덩이 털고 우리 삶에서 떠나가는 것보다 차라리 그 나쁜 사람을 계속 곁에 머물게 하는 게 낫다고 여겨요. 괴물 엄마 아빠라도 아이에게는 영원히 함께할 만큼 소중한 거죠.

이게 사랑이 아니라면 뭐라고 하겠어요?

전에 〈닥터 린타로<sup>Dr.倫太郎</sup>〉란 일본 드라마를 봤어요. 정신과 의사 린타로가 주인공인데요. 그가 일하는 병원에는 심리 치료에 서로 다른 치료법을 고수하는 파벌이 둘 있어요. 린타로 선생 쪽은 정신분석 치료를, 다른 쪽은 인지 치료와 약물 치료를 고집하죠.

제가 즐겨 읽는 멜라니 클라인의 연구처럼 린타로는 발병의 맥락을 찾기 위해 종종 아주 깊게 파고 들어가는데요. 사실은 의사인 린타로에게도 원가정과 관련해 고통스러운 기억이 있었어요.

중학생이던 어느 날 아침, 우울증에 시달리던 어머니가 어린 린타로에게 차 한 잔을 건넸어요. 하지만 그는 어머니의 선의를 받아들여 차를 마시는 대신 문을 열고 나서며 말했죠.

"엄마도 힘내요!"

그날 어머니는 자살로 세상을 등졌어요.

그 일에 대한 후회로 린타로는 사람들에게 웃음을 주는

사람이 되겠다고 마음먹어요. 하지만 코미디언이 되기엔 재능이 부족하다는 걸 깨닫고, 대신 마음속에 품고 있던 두 번째 꿈, 사람들을 구하는 정신과 의사가 되기로 결심해요.

린타로 선생은 후배에게 이렇게 말하곤 해요.

"의사는 환자의 마음속으로 들어가야 하지. 하지만 의사와 환자 사이의 경계는 꼭 지켜야 해."

그러던 린타로 선생은 연약하기 그지없는 게이샤 아키라와 만나면서 수시로 성격이 변하는 아키라(훗날 해리성 정체장애 진단을 받아요)에게 매료돼 의사와 환자의 경계선상을 오가게 되죠. 뜻밖에도 한 걸음씩 다가갈수록 두 사람은 어린 시절의 아픔이라는 공통점으로 단단하게 이어지고요.

아키라의 어머니도 게이샤였는데, 아이를 낳은 뒤에도 노름과 남자에 빠져 어린 딸을 혼자 두고 집을 비우곤 했어요. 어린 아키라는 집에 남은 케첩과 물로 하루를 보냈고 조그만 입술을 오물거리며 중얼거렸죠.

"엄마, 어디 갔어…?"

그렇게 기다리던 엄마가 어느 날 돌아와서는 커다란 별사탕 봉지를 건넸어요. 아키라는 유리병에 별사탕을 담아두고 한 알 한 알 아껴가며 맛봤죠. 얼마 지나지 않아 엄마는 다시 집을 떠났고 아키라에게 남은 건 별사탕뿐이었어요. 그 별사탕은 엄마를 기다리는 힘이 됐고요.

오랫동안 떠났던 엄마가 돌아왔을 때 이미 아키라는 성인이었어요. 엄마는 아키라를 게이샤의 길로 떠밀어 철저히 돈줄로 삼았죠. 엄마가 이런 말을 할 때가 가장 두려운 순간이었어요.

"너 같은 애는 낳지 말걸 그랬어."

린타로처럼 아키라에게도 잃어버린 엄마 때문에 비롯된 외로움과 상처가 있었어요.

〈닥터 린타로〉의 몇 장면은 마치 멜라니 클라인의 학설을 그대로 드라마로 풀어놓은 것 같아요. 아키라의 인격이 바뀌어 불과 조금 전 일을 잊고 해변에서 길을 잃는 장면이 있는데요. 린타로 선생은 아키라의 전화를 받고 얼른 해변으로 그녀를 찾아가죠.

바닷가에서 린타로 선생은 모래성을 쌓는 아키라를 만나요. 아키라는 모래 봉우리 두 개를 만들고 있었죠. 린타로 선생은 그 봉우리를 이렇게 해석해요.

"마치 젖가슴 같네요. 만약 그런 거라면 지금 쌓고 있는 봉우리는 둥글고 아름답지만 다른 쪽 산은 삐뚤고 울퉁불퉁

해요. 아키라 씨 마음에 이렇게 큰 분열이 있다는 거예요. 어쩌면 어머니의 학대 때문일지 모르죠. 하지만 아키라 씨는 지금도 어머니의 사랑을 갈구하고 있어요. 계속 기대에 어긋나도 여전히 포기할 수 없으니까요."

멜라니 클라인은 이런 말을 했어요.

"심리 분열은 정신병의 특징이 아니라 불안감에서 살아남으려는 사람의 생존 수단이다."

필수 영양분을 내주는 젖가슴은 풍만하고 아름답고 위대한 어머니를 상징해요. 하지만 젖가슴이 우리를 거부하고 포기한다든지, 혹은 멀리하고 실망시키거나 상처를 줄 때는 추하고 불결한 모습으로 나타나죠.

이런 혼란을 이해하고 소화할 수 없는 순간이 오면 우리 머리속에서 젖가슴(어머니)은 서로 다른 형태로 분열되고, 아름다운 젖가슴이 불결한 젖가슴에 오염되지 않도록 보호하려는 경향을 보여요. 추한 가슴이 현실에서 우리를 잡아먹지 않는다는 걸 안 뒤에야 우리는 분열된 가슴 두 개가 사실은 한 존재란 걸 인정하게 되죠. 다시 말하면 어머니를 뜻하는 젖가슴을 체념한다 해도 여전히 관점이 분열된 채라면 이렇게 말할 수 있다는 거죠.

"나를 버린 건 나쁜 엄마지만 아직은 좋은 엄마가 남아 있어."

말할 것 없는 자기기만이에요. 좋은 엄마든 나쁜 엄마든 엄마는 한 사람이니까요. 내가 잃은 것이 온전히 한 사람이란 걸 인정하지 않으면 우리는 진실한 관계를 간직할 수가 없어요.

그래요. 비뚤고 추한 젖가슴이라도, 아무리 애써봐야 바꿀 수 없다 해도 우리가 사람인 이상 어머니의 사랑을 포기하기는 어려워요. 언젠가 어머니가 좋은 사람이 되어 돌아오길 바라고 또 바라죠.

그래서 외로운 거예요. 나와 함께하는 것이 환영이니까요. 사람과 그림자 사이에는 진실한 추억이 있을 수 없죠.

엄마, 전 이렇게 생각해요. 우리 삶에서 가장 아쉬운 건 사랑하는 사람에게 너무 늦지 않게 "널 사랑해"라고 말하지 못하는 것, 또 반대로 미워하는 사람에게 "네가 미워"라고 말하지 못하는 것이라고요. "네가 미워"라는 말은 "널 사랑해"라는 의미일 때가 많거든요.

일을 하면서 이런 안타까운 경우를 많이 봤어요. 말할 기회가 없었던 마음은 진정으로 어떤 사람과 작별을 고하고 미래를 향해 나아가는 데 발목을 잡아요. 🌿

은은아.

고백하자면 사실 엄마에게도 외할아버지와 풀지 못한 커다란 응어리가 남아 있단다.

그 시절에는 남자가 집안의 하늘이자 집안을 떠받치는 기둥이었지. 하지만 네 외할아버지는 복이 없었는지 돈을 못버셨고, 외할머니가 공장에서 막일을 해 번 돈으로 살림을 꾸릴 수밖에 없었어. 내 생각엔 외할아버지도 남자로서 자존심이 있는데 아내를 밖에 나가 일하게 만든 게 썩 편치 않으셨던 모양이야. 그래서인지 외할머니가 일을 나가면 외할아버지는 집에서 종일 술만 드셨단다.

답답증을 다스리지 못하는 남자가 술을 마시면 그다음은 어떻게 되는지 너도 짐작할 거다. 술에 취하면 사람을 때리게 된단다. 외할머니가 안 계실 때 엄마가 의지할 사람은 네 외할아버지뿐이었어. 그러니 나를 가장 먼저 때리셨지. 날 때리고도 성이 안 차면 외삼촌들을 때리셨다. 가려운 데를 긁던 효자손이 그 순간에는 우리를 두들겨 패는 몽둥이가 됐어. 나는 맞다 지쳐 엉엉 울면서 상 밑으로 숨었고, 외삼촌들은 좁은 집 곳곳으로 도망을 다녔지. 그렇게 기운을 다 빼고 나서야 외할아버지는 쿨쿨 곯아떨어져 더 이상 우리를 찾지 않으셨다.

네 외할머니는 정말 대단한 사람이었다. 외할머니가 집에 있을 때 이런 일이 벌어지면 외할머니는 아주 냉정하게 말씀하셨단다.

"됐어요, 됐어. 애들 그만 때려요. 나중에 마음 아픈 건 당신이잖아요."

희한하게도 외할머니가 마치 주문처럼 이렇게 말씀하시면 길길이 뛰던 네 외할아버지가 왈칵 눈물을 쏟곤 하셨어. 그러고 나서 맥없이 앉아 애처럼 고함을 치셨다.

"제깟 놈들이 어떻게 나한테 이럴 수 있어!"

나로선 그 '제깟 놈들'이 누군지 통 알 수 없었지만, 외할머니는 이렇게 대꾸하셨지.

"괜찮아요. 그깟 놈들 상대 안 하면 되지. 그냥 상대하지 말아요."

그러면 외할아버지가 또 소리치셨어.

"어떻게 된 게, 되는 일이 하나도 없어!"

그 말에 외할머니는 늘 이렇게 답하셨다.

"괜찮아요. 어쩔 수 없지. 안 되는 일을 너무 애쓸 필요 없어요."

나나 외삼촌들이나 두 분이 무슨 말씀을 하시는 건지 이해할 수가 없었어. 아무튼 그렇게 술기운이 돌면 외할아버지는 아이처럼 바닥에 마구 토하고는 그대로 잠들어버리셨지. 외할머니는 그게 싫지도 않은지, 자장가를 흥얼거리며 외할아버지의 지저분한 머리를 가만히 감싸 안았단다. 한참 지나서야 혼자서 묵묵히 토사물을 치우면서 말이야. 외삼촌들은 끼어들고 싶지 않아선지 이때쯤이면 늘 번개같이 사라졌단다. 엄마 혼자 남아 돕고 있으면 외할머니가 말씀하셨지.

"어쩌겠니, 이게 여자들 팔자인걸."

은은아, 우리 때는 부모에게 매 맞는 게 다반사였어. 그렇다고는 해도 내 마음에는 화가 쌓였다. 아무짝에도 쓸모없는 남자가 멀쩡한 여자들을 이렇게 괴롭혀도 된다니, 그딴 숙명에 화가 났다고 할까. 화가 오래 묵으니 미움이 되더구나.

또 미움이 오래되니 앙심이 깊어졌어. 엄마가 집을 떠나 외지에서 일하게 된 뒤 네 외할아버지는 더 이상 나를 때릴 수 없었고, 나도 더는 외할아버지와 한마디도 말을 섞지 않았단다.

결국 할아버지는 쉰이 조금 넘어 간암에 걸려 고통스럽게 돌아가셨지. 그래서 엄마는 한 번도 말을 할 기회가 없었다.

"아버지, 아버지가 정말 미워요. 아버지는 한 번도 딸을 사랑해주신 적이 없잖아요."

은은아, 어쩜 그럴 수 있을까? 나는 아버지에게 욕 한번 제대로 못 해봤는데, "아버지 미워요"라는 말도 못 했는데 그렇게 무책임하게 떠나버리다니 말이야. 그것마저 영락없이 그분다웠지만 정말 마음이 불편했어. 세상 떠날 때까지 딸에게 미안하다는 말 한마디 하지 않으시다니.

은은아, 네 말처럼 이게 사랑이든 미움이든 엄마는 내내 아쉽기만 하구나. 🍃

사랑하는 엄마.

외할아버지 산소에 가요. 저랑 같이.

가장 중요한 건 엄마가 외할아버지에게 진심으로 하고 싶은 말을 하는 거예요. '이미 가신 분께 무엇 하러' 하고 맺힌 말 꾹 참지 말고요. 엄마는 누구보다 외할아버지를 섬세하게 관찰한 딸이었으니 외할아버지가 살아 계시다면 어떻게 답하셨을지도 가장 잘 아실 거라고 생각해요.

# A가 B와 같으리라는 불안

운명론에 빠져드는 이유,

숙명에서 벗어나기 위해서일까?


사랑하는 엄마.

사람들은 어떤 대상이나 상황을 보고 'A는 마치 B 같다'
고, 다시 'B는 C 같다'고 인식할 때가 있는데요. 가령 우리가
처음 만나는 사람에게 이런 말을 할 때처럼요.

"너 꼭 연예인 ○○○ 닮았다. 와, 가까이서 보니까 더 닮
았는데."

혹은 고개를 들어 무심코 먹구름 낀 하늘을 보다 갑자기
울컥해서는 연인과 가슴 아프게 헤어졌던 밤이나 부모님이
이혼하신 비 내리던 날을 떠올리기도 하죠.

멜라니 클라인에 따르면 A가 B와 같을 거라고 여기는 이

런 반사 심리는 이미 아기 때 생겨나고, 특히 불안을 유발하는 대상을 보면 그렇게 생각한다고 해요. 생명이 있는 것이든 아니든 막연히 같을 거라고 미루어 짐작하는 거죠.

예를 들어 어린 제가 엄마한테 화가 나서는 평소 아끼던 인형을 때리잖아요? 그건 마음속에서 인형이 엄마를 대체한다는 뜻이에요. 엄마를 직접 공격하는 건 감히 품기 어렵고 무서운 생각이니까, 그보다 훨씬 안전한 인형으로 바꿔 생각하는 거죠.

하지만 인형이 너무 오랫동안 엄마를 대체하면 마음속에서 그 인형이 정말로 엄마랑 닮아보이게 돼요. 인형을 공격하려는 제 마음이 무서워질 정도로요. 그러면 저는 인형을 내려놓고 새로운 대체물을 찾기 시작해요. 화날 때 공격하고 싶은 욕구가 새로운 사물로 옮겨가는 거죠.

'어떤 상징물이 ○○와 같다'고 생각하는 과정이 반복되면서 우리는 혼자 힘으로 불안을 감당할 수 있게 되고, 환경을 더 많이 인식하게 돼요. 정신이 성장하면서 인형은 인형일 뿐 엄마가 아니라는 걸 깨닫죠. 이렇게 하면서 세상에 대한 상상력과 상징을 활용하는 능력도 탄탄해지고요.

어른들의 세계에서도 한 대상을 다른 대상과 같다고 믿는 현상을 수없이 보곤 해요. D가 본부장 앞에서 침착하게 이야기할 수 없는 건 그에게 본부장과 아버지를 동일시하는 심리가 있기 때문이에요. J가 강한 여자들에게 거절 의사를 표시하지 못하는 이유는 그런 여자들을 맞닥뜨릴 때마다 어릴 적 자기에게 강요하던 어머니가 떠오르기 때문이죠. 또 H가 포장마차를 꺼리는 건 그곳이 가난하던 시절의 궁상맞은 살림살이와 다르지 않다고 느끼기 때문이에요.

평범한 사람들은 무의식중에 지금의 나나 주변 사물을 어린 시절의 불안을 상징하는 대상과 연결시켜요. 잠시 멈춰 살펴보면 이런 상징물이 사실은 불안의 핵심인 부모로 이어진다는 걸 알 수 있어요. 이 부모는 대개 우리의 환상 속 부모님이고요.

그런데 이런 불안감이 너무 깊은 잠재의식 속에 숨어 있으면 눈에 보이는 사건에만 불평하게 돼요. 그 잠재의식 속 불안감이 어떤 상징 논리를 의미하는지는 보려 하지 않아요. 그래서 보통은 '동일시' 과정이 훗날 삶에 영향을 미치게 된다는 걸 알아채기 어렵죠.

드라마 〈인간사월천人間四月天〉에 나오는 린후이인林徽音★에게서도 이런 모습이 보여요. 시인 쉬즈모徐志摩★는 린후이인에게 열렬히 구애했는데, 그녀와 결혼하려고 '중국 최초의 이혼남'이 되는 것도 마다하지 않았죠. 하지만 린후이인은 '조강지처를 쫓아낸 정부'라는 오명을 쓰고 싶지 않았고, 과감하게 천재 시인과의 열정적인 연애에서 물러났어요. 대신 량치차오梁啓超★의 아들 량스청梁思成★과 결혼해 누가 봐도 행복하게 잘 살았죠.

제 눈에 린후이인의 삶은 한 대상이 어떤 상징과 같으리라고 여기는 심리적 여정과 확실히 관련이 있는 것 같아요. 린후이인의 경우를 보려면 먼저 그 가정 이야기를 해야 하는데요. 린후이인은 학자 집안에서 태어났는데 어머니가 아버지의 두 번째 부인이었어요. 어머니는 미모가 빼어났지만 교육은 제대로 받지 못했는데, 집에 돈이 많아도 여성스럽지 않아 남편의 환심을 사지 못했고 시어머니의 애정도 받지 못했어요. 결혼을 하고 여러 해가 지나서야 린후이인을 낳았는데 예쁘고 똑똑한 딸은 온 집안의 사랑을 독차지했어요. 하지만 그렇게 사랑받던 린후이인도 어머니의 박복한 팔자를 바꿔놓지는 못했죠. 아버지가 세 번째 부인을 들였거든요. 어머니의 결혼 생활에는 외로움이 가득했어요.

린후이인의 아들 량충제梁從誡＊는 어머니에 대해 이렇게 이야기한 적이 있었어요.

"어머니는 외할아버지를 사랑했지만 외할머니에게 무심한 외할아버지를 미워하기도 했어요. 또 외할머니를 사랑하면서도 그분의 무기력한 면모를 미워했죠. 큰딸인 어머니는 배다른 동생들을 진심으로 사랑했어요. 하지만 반＊봉건적 가정에서 관계는 왜곡됐고, 어머니는 정신적으로 깊이 상처를 입었죠."

우리 내면에서 찾게 되는 사랑의 원형은 부모의 결혼 생활에서 비롯되는 경우가 많아요. 가령 부모가 서로 좋아하고 모범적인 관계를 보이면 자식도 자연스럽게 앞으로 부모처럼 될 거라고 생각하게 되죠. 하지만 그 반대일 때 자식은 이렇게 다짐할지도 몰라요.

"저렇게 실패하는 결혼 따위, 나는 절대 발 들이지 말아야지."

그런데 흥미롭게도, 단단하게 마음먹은 대로 하지 못하고 자기도 모르게 부모의 결혼같은 좌절과 실패를 겪는 경우가 생겨요.

린후이인과 쉬즈모는 십대에 처음 만났는데, 쉬즈모 곁에는 이미 부모의 뜻에 따라 결혼한 조강지처 장요우이張幼儀가 있었어요.

쉬즈모는 린후이인의 아버지의 친구로, 아버지처럼 부유하고 학식이 높은 데다 모든 걸 헤아려주는 사람이었죠. 부인 장요우이는 전통에 순종했고, 남편의 사랑을 받지 못한 점에서 린후이인의 어머니와 비슷한 운명이었어요. 물론 당시에는 이런 부부가 적지 않았죠. 하지만 장요우이 부부와 만나며 린후이인의 내면에 A와 B가 같으리란 '동일시'가 싹텄던 것 같아요.

기회라는 건 때때로 거대한 함정과도 같아서, 불안의 근원인 시커먼 구멍은 우리 스스로 그 깊은 곳에 뛰어들도록 홀리곤 해요. 마음속 깊은 곳에 묻어둔 기억을 다시 떠올리도록 말이죠. 고달픈 숙명(사실은 그마저도 환상이지만)에는 묘하게도 익숙한 안정감이 있거든요. 제가 만나본 사람들은 대부분 습관적으로 어린 시절과 비슷한 상징적인 상황에 머물면서 지나간 운명을 거듭했어요.

인터넷에 '이별의 편지'라는 글이 유행한 적이 있는데요. 린후이인이 쉬즈모에게 보낸 편지라고 알려졌죠. 여기에 린후이인이 쉬즈모의 아내인 장요우이를 묘사한 글귀가 있는데 한번 보세요.

그 사람은 애처롭고 절망적이면서도 뭔가를 간절히 바라고 시샘하는 시선으로 나를 빤히 바라봤어요.

난 밤새도록 펑펑 눈물을 쏟았답니다. 대부분 그 여자 때문이었어요.

장요우이에 대한 슬프고도 고통스러운 내 마음을 부디 당신이 이해해주길 바라요. 그 여자가 당신을 기다리는 게 얼마나 고마운 일인가요. 당신은 그걸 진정한 사랑이 아니라고 했지만 그런 진실한 정을 얻은 것만으로도 당신은 행복한 사람이에요.

어쩌면 린후이인이 쓴 게 아닐지도 모르지만, 저는 이 글이 린후이인의 마음을 잘 보여준다고 생각해요. 심리학자 입장에서 보면 이 편지는 딱한 어머니를 바라보는 딸의 애달픔과 원망으로 해석되기도 해요. 더구나 그건 딸의 '환상'에 존재하는 어머니의 비애죠.

그러나 다행히도 린후이인은 슬픔과 고통 속에 그대로 머물지 않았어요. 슬픔과 고통이 대물림되는 걸 거부하고 숙명에서 멀어졌거든요.

엄마, 린후이인은 참 존경스러운 사람이죠.

다 큰 어른에게 'A는 B와 같다'는 심리적 여정은 곧 'A는 B와 같지 않다'는 사실을 깨닫는 과정이에요. 우리는 이렇게 동일시하면서 불안을 견디는 법을 배우고, '같지 않다'는 걸 깨달음으로써 어떤 태도로 그 대상과 현실 세상에서 공존할지를 결정해요.

"인생이란 게 종종 그래요. 수없이 고심해도 이치를 깨닫지 못하다가 어느 평범한 순간에 문득 모든 답을 얻게 되죠."

린후이인이 한 말이에요. 🌿

사랑하는 은은아.

'A는 B와 같다'고 지레 믿어버린다는 게 참 재미있구나. 네 이야기를 들으니 내 주변 사람들과 물건이 다 떠오르지 뭐니. 그래, 물건을 보면 어떤 상황이 생각난다든지, 아무개의 성격이 급한 건 다른 아무개를 닮았다고 한다든지 하는 거 말이야. 하지만 이번에 엄마가 가장 크게 깨달은 게 있어. 그동안 내가 너의 결혼 생활을 조마조마한 마음으로 지켜보면서 행여 우리 가족의 숙명을 따라가면 어쩌나 걱정하고 있었다는 거였어.

은은아, 어느 집이나 밟으면 터지는 지뢰 같은 게 있잖니. 우리 집 남자들이 술을 많이 마시는 걸 너도 잘 알 거야. 예전에 네가 사귄 남자애, 머리를 염색하고 날라리 같던 녀석을 엄마가 싫어한 건 행여나 네가 그 녀석 술버릇 때문에 위

험에 말려들까봐, 절대 술 근처에도 가지 않기를 바라서였
단다.

'술 먹는 남자는 마누라를 때린다'는 기억이 엄마 머릿속
에서 쉽게 사라지지 않는구나. 어휴, 그렇게 고르고 골라 성
실하고 진중해 보여서 택한 네 아빠도 술만 마시면 고약해
지잖니. 그뿐이니? 돌다리 두드리듯 몇 번이나 살펴서 책임
감 있고 사리 밝다고 여긴 네 신랑도 너와 다투는 걸 보면
어쩔 수 없는 노릇이지.

은은아, 솔직히 말하자면 말이다, 이따금 네가 억지를 부
릴 때면 나는 네가 외할아버지를 많이 닮았다는 생각을 한
단다. 엄마 말을 잔소리라고 생각하지 말고 성질을 좀 고쳐
보렴. 옛날 어른들 전철을 밟을 순 없잖니. 결혼 생활이 시끄
러우면 가장 크게 영향을 받는 건 결국 어린아이들이야. 이
점에 대해서는 너도 나만큼이나 느끼는 게 많을 거라고 생
각한다. 🍃

사랑하는 엄마.

어떤 대상을 다른 무언가와 같다고 여기는 '동일시'의 핵심은 결국 '불안'에 있어요. 불안하기 때문에 어떻게든 '같지 않다'고 생각하려 하는 거죠. 그런데 희한한 게, 그렇게 생각하면 할수록 같다고 느껴지죠.

제 결혼 생활을 염려하는 엄마의 마음을 예로 들면, 엄마가 제 성질이 결혼 생활에 나쁜 영향을 미치면 어쩌나 걱정하면 할수록 엄마는 무의식중에 제 성질이 결혼 생활에 미치는 '나쁜 증거'를 찾게 될 거예요.

전에 말씀하신 것처럼 부부는 평생 싸우고 평생 미워하지만 또 평생 사랑하면서 살아가요. 제 결혼 생활은 엄마가 상상하시는 것처럼 그렇게 엉망은 아니에요. 제가 외할아버지를 많이 닮았다손 치더라도 결정적으로 저는 외할아버지도,

그렇다고 아빠도 아니니까요. 제 남편이 외할머니도, 엄마도 아닌 것처럼요.

이게 우리가 'A는 B 같다'는 내면의 불안을 마주하고 나서 가장 먼저 알아야 할 사실이에요. A와 B 사이에는 시간과 공간의 경계가 아주 명백하게 자리하고 있어요. 갖은 수를 쓴들 과거의 시간과 공간에서 벌어진 일이 똑같이 복제될 리 없잖아요. 현재와 과거가 닮았다고 느끼는 건 우리가 과거에 남겨둔 아쉬움을 드러내도록 이끄는 작용이에요.

가족이 반복해온 숙명을 자각하고 말이나 행동으로 드러내 표현한다면 얼핏 똑같아 보이던 숙명도 결말은 달라질 수 있어요. ✑

능력의 한계를 받아들여야만

더 이상 지나치게 다그치지 않게 된다.


상상 속 재난을 입 밖으로 표현해야

마음이 자유로워진다.


사랑하는 사람을 공격하고 싶어지는 순간

인간관계에 대한 나의 기대를 분명히 알 수 있다.

때로 어떤 일은

영원히 바꿀 수 없다는 걸 인정함으로써

완전히 새롭게 시작할 기회를 얻는다.


숙명이란 것이 곧

씻어내지 못한 과거라는 사실을 이해하면

슬픔과 고통의 대물림을 거부할 수 있다.

# 3 내 안의 아이가 건네는
## 속마음 이야기

어른들의 내면에는

어떤 불안이 자리하고 있을까?

아이의 눈으로 세상을 보면 이렇듯 해석이 다양해지고 흥미로워진다. 어머니와 대화하며 자기 내면을 한층 깊게 바라보게 된 심리학자는 멜라니 클라인의 이론을 정리하다 '능력의 한계를 인식하는 것', '세상에 대한 충만한 환상', '사랑하는 대상을 공격하고 싶어지는 모순', '현실 부정', '동일시' 같은 심리 작용이 성장 과정에서 수많은 불안을 야기한다는 사실을 알게 됐다.

그렇다면 어린 시절의 그 불안들은 성인이 된 뒤에 어디로 갈까? 알고 보니 우리는 애써 이를 숨기고 포장해 마음속 깊은 곳에 감추고 있었다. 그렇게 뭉친 불안 덩어리는 몸뚱이만 어른인 우리 마음 깊은 곳에 아이 상태로 머문다. 볼 수도, 잡을 수도 없지만 기분이 들쭉날쭉할 때마다 우리는 그 아이를 느낀다.

어릴 때 불안감이 지나치면 심리 문제나 질병이 생길 수 있다고 했다. 그래도 너무 걱정하지는 말자. 좋은 소식도 있다. 내면의 아이에게 귀 기울여 불안을 표현하면 얼마든지 건강하고 행복하게 불안에서 해방될 수 있으니까! 어른인 우리도 내면의 아이와 충분히 이야기를 나누면서 불안과 고민을 이해받으면 거뜬히 무적이 될 수 있다.

"어떻게 말해야 좋을지 모르겠어.
말하고 싶지도 않아."

어떤 사람은 행동으로 말한다

사랑하는 은은아.

심리학이란 게 들으면 들을수록 재미있구나. 무슨 시험을
본 것도 아니고 일을 하지도 않았는데 이미 우리 마음에 불
안감이 존재한다니. 엄마는 그런 식으로는 생각해본 적이 없
거든. 네 덕에 사람의 마음이 얼마나 세심하고 복잡한지 이
제야 이해를 하게 되는구나.

몇 달 전에 옆집에 신혼부부가 이사를 왔단다. 날씨 좋은
날이면 부부가 함께 산책을 다니는데, 여자는 꽃무늬 치마를
입고 두 사람이 손깍지를 끼고 걷는데 얼마나 사랑스럽던지.
그런데 엊그제 이상한 일이 있었지 뭐니. 아주 더운 날이었

는데 그 집 여자가 몸을 꽁꽁 싸매고 검은 선글라스에 마스크까지 쓰고 나온 거야. 평소와 다른 모습도 그랬지만 어쩐지 수상한 생각이 들더구나. 그날 밤 쓰레기를 버리러 나갔다가 여자를 다시 만났는데, 낮에 본 거랑 똑같이 싸매고 선글라스만 없었어. 다가가서 인사를 하다 내가 뭘 봤는지 아니? 여자의 눈가에 핏자국이 선명하게 맺혀 있었단다. 좀 더 가까이 가서 괜찮은지 물어보려 하니 여자는 내 시선을 피하면서 뭐라 얼버무리며 얼른 자리를 피하더구나.

그날 밤 엄마는 마음이 편치 않아 쉽게 잠들지 못하고 뒤척였어. 여자의 상처가 계속 떠올랐거든. 혹시 가정 폭력은 아닐까? 아니나 다를까, 밤이 깊었는데 옆집에서 싸우는 소리가 들려오더구나. 처음엔 소리가 희미했는데 갑자기 대문이 벌컥 열리면서 애원하는 듯한 여자의 목소리가 또렷이 들리지 뭐냐.

"당신 제발 이러지 마."

그러더니 다시 대문이 쾅 닫히고 흐느끼는 소리가 들리더구나. 처음처럼 낮게 새어나오는 소리였어.

자리에서 일어나 나가보니 세상에, 옆집 여자가 맨발에 잠옷만 걸치고 자기 집 문 앞에 서 있지 뭐냐. 오들오들 떨면서 웅크리고 있는데 아프다는 소리도 못 내더구나. 우리 집으로 들어오라고 말해봤지만 여자는 고개를 저으면서 눈물만 뚝뚝 흘렸어.

은은아, 그 꼴을 보고 있자니 엄마는 마치 내 딸이 험한 꼴을 당한 것처럼 마음이 아팠단다. 여자는 끝내 우리 집에 들어오지 않았지만 나는 잠이 확 달아나 멍하니 앉아 있었단다. 도무지 어째야 좋을지 모르겠더구나.

시간이 얼마나 흘렀을까? 이웃집 문 열리는 소리가 나더니 그 집 남편이 울먹이는 소리로 아내에게 빌기 시작하더라.

"미안해, 미안해. 다 내 잘못이야. 이러면 안 되는데…."

아내는 대답이 없었고, 잠시 후에 문 닫히는 소리가 났어. 아마 아내는 남편과 함께 집으로 들어갔겠지.

나중에 알았는데 그 집 남편이 흥분을 하면 여자를 때린다더구나. 처음에는 찰과상 정도였는데 나중에는 여자가 긴바지에 긴팔 옷으로 온몸을 가릴 지경이 됐다고 하더라.

어째서 가만히 맞고 있느냐고 엄마가 물었지. 도망가거나 경찰에 신고하거나 집을 나갈 수도 있는 거 아니겠니? 여자 말이, 남편이 그렇게 때리긴 해도 좀 가라앉으면 사과를 하면서 다시는 그러지 않겠다고 약속하고 평소보다 더 따뜻하게 한다는 거야. 그래서 번번이 여자는 생각했대.

'이게 마지막이야. 남편은 꼭 바뀔 거야.'

하지만 안타깝게도 그 남편은 아직 바뀌지 않았단다.

은은아, 이런 남자도 심리적 불안인지 뭔지로 검사할 수가 있니? 🌿

사랑하는 엄마.

속담에 이런 말이 있죠. '짖는 개는 사람을 물지 않는다.' 음흉한 사람은 남을 뒤에서 해치려들지 앞에서 욕하지 않는 다는 말이요. 하지만 간혹 이 말에 한 구절이 따라 붙기도 해 요. '무는 개는 짖지 않는다.' 어른들의 심리 불안에 이 속담을 적용해 이렇게 설명해볼까 해요.

'(불안을) 말하는 사람은 남을 때리지 않고, 남을 때리는 사람은 (불안을) 말하지 않는다.'

엄마, 엄마가 말한 폭력적인 사람은 보통 이런 경우일 거 예요. 살면서 욕망을 충족해본 적이 별로 없는 사람, 한때 상처를 받은 적 있는 동시에 그 실망과 고통을 말하지 못하거 나 말하고 싶어 하지 않는 사람. 그런 사람들이 누군가를 때리는 걸로 불안을 해소하는 거죠.

미국 영화 〈맨체스터 바이 더 씨Manchester by the Sea〉는 이런 심리 현상을 분명하게 보여주는 좋은 영화예요. 남자 주인공 리는 보스턴에 사는 노동자로 재주가 많지만 툭하면 손님과 부딪쳐요. 기분이 나쁘면 술집에 들러 술을 마시다가도 낯선 이에게 시비를 걸죠. "뭘 봐?" 그렇게 주먹을 날리며 사람들과 싸움을 벌여요.

그렇게 살아가던 어느 날, 하나뿐인 형이 세상을 떠났다는 소식에 맨체스터 바닷가 고향 마을로 가 형의 장례를 치르는데, 거기서 리는 형이 죽기 전 자신을 조카의 후견인으로 지정했다는 사실을 알게 돼요. 마음의 준비를 할 겨를도 없이 한창 사춘기를 맞은 십대 조카를 돌보게 된 거죠.

뜻밖의 소식에 혼란에 빠져 고향 병원에 도착한 리는 형의 사망 선고를 듣고도 굳은 표정으로 외투 주머니에 양손을 찔러 넣고 있을 뿐이에요. 오히려 뜨겁게 눈물 흘리며 의사의 위로를 받는 형의 친구가 리와 강하게 대비되죠. 어째서 감정을 표현하는 게 이렇게 서툰지, 일반적이지 않은지 고개를 갸웃하는 순간 영화는 리의 마음에 새겨진 상처를 보여줘요.

예전에 리는 활발한 성격에 친구도 많았어요. 아내에게

장난도 잘 치고 어리광도 부렸죠. 리에게는 사랑스러운 아내뿐만 아니라 딸 둘과 갓난 아들도 있었어요. 그런데 어느 날 밤, 리가 친구들을 불러 공놀이를 하는데 아내가 너무 시끄럽다며 밖으로 내보내요. 한참 뒤 리는 집에 올라와 자고 있는 아내와 아이들을 보고 추운 날씨를 걱정하며 벽난로에 장작을 집어넣죠. 그리고 혼자 텔레비전 앞에 앉아 축구 경기를 보는데요, 냉장고에 맥주가 떨어진 걸 알고 가게로 향해요. 반쯤 갔을까요, 문득 리는 장작을 넣고 벽난로 덮개를 제대로 닫았는지 고개를 갸웃거리죠. 하지만 별일 없을 거라 여기며 그대로 맥주를 사 집으로 돌아와요.

그런데 맙소사, 무슨 일이 벌어진 걸까요. 눈앞에서 집이 불길에 활활 타고 있지 뭐예요. 소방대원들이 아내를 구조하지만 불길이 너무 거세 아이들은 끝내 구하지 못해요.

그렇게 아이 셋을 화마에 잃고 말죠. 경찰은 벽난로의 덮개를 닫지 않은 건 '누구나 저지를 수 있는 실수'라고 판단하고 리를 풀어줘요. 하지만 조사실을 나오던 리는 경찰의 총을 빼앗아 자살하려다 제압당해요.

아이들을 잃은 슬픔에 아내는 떠나버리고 리 역시 자신을 용서할 수 없어 혼란에 빠져요. 결국 그는 고향을 떠나 남들이 업신여기는 일을 하는 것으로 스스로를 벌하죠. 리는 결코 눈물을 흘리거나 누군가를 원망하지 않아요. 그저 사람들에게 시비를 걸고 싸움을 하며 흠씬 두들겨 맞아 피가 흐를 때야 겨우 눈물을 보이죠.

엄마, 저도 폭력을 쓰는 사람들이 얼마나 나쁜지 잘 알아요. 하지만 알고 보면 그들도 대개 연약한 존재들이에요. 그런 사람들은 자기 마음이 병에 걸렸다는 걸 잘 몰라요. 가족도 이런 사실을 인정하려 하지 않아요. 그렇기 때문에 '하나는 때리고 다른 하나는 맞는' 거예요. 주위에서 아무리 충고해도 이 비극은 밤낮으로 반복되죠. 악순환이에요.

이건 어른의 심리에 불안이 숨어 있기 때문이에요. 그들 내면의 아이는 폭력을 쓰면서 이렇게 말하려 하죠.

"어떻게 말해야 좋을지 모르겠어. 말하고 싶지도 않아!"

폭력은 말로 하소연하지 못하는 사람들의 특징이에요. 비슷한 경우로 아홉 살이나 돼서도 젖병을 빠는 아이, 주말마다 신용카드를 긁어대는 대학생, 미친 듯이 먹고 변기에 토하는 어른도 많아요. '불안'을 입 밖으로 꺼내지 못하면 우리 내면의 아이는 그렇게 퇴화된 행동으로 자기 마음을 표현할 수밖에 없어요.

그렇다면 이런 사람을 만났을 때는 어떻게 해야 할까요? 아무래도 엄마는 이 문제에 관심이 많으실 것 같네요. 딸과 비슷한 또래의 여자가 남편에게 맞고 사는 걸 직접 보셨으니 남의 일로만 두고 볼 수 없지 않겠어요.

솔직히 제가 그 여자의 엄마라면 하루라도 빨리 남자를 떠나라고 할 거예요. 하지만 환자들을 많이 만나면서 알게 된 게 있어요. 이런 경우 대부분 배우자를 떠나지 못한다는 걸요. 폭언과 폭력에 시달리면서도 그들은 이런 상황을 변화시킬 수 있다고 생각하거든요(나와 지내면 달라질 거야). 혹은 배우자가 폭력을 저지른 뒤에 후회하며 우는 모습에 마음이 약해지는 거죠(일부러 그러는 건 아냐). 그 때문에 폭력을 참으며 그 순간이 지나가길 기다리는 거예요. 주위에서 뭐라 해봐야 이런 사람들은 상황을 바꿀 방법이 없겠느냐고 묻는 게 고작이에요.

멜라니 클라인이라면 아마 '해석'으로 심리를 분석했을 거예요. 실제로 예가 있어요. 클라인은 어머니가 임신을 해 불안감을 느끼는 여자아이를 만난 적이 있대요. 그런데 아이가 놀이 치료를 받는 동안에도 가죽 가방을 놓지 않고 안에 동전이 잘 있는지 자꾸만 확인을 하더라는 거예요. 이 모습을 본 클라인이 말했죠.

"네 가방에 든 동전이 엄마 배 속에 있는 아기 같구나. 동전을 가방에 가둬두면 동생이 태어나지 않을 거라고 생각하니?"

이렇게 여자아이의 마음을 헤아린 말이 불안을 풀어주는 효과를 발휘했고, 아이는 치료를 받으면서 자유롭게 마음을 표현할 수 있게 됐대요.

'해석'이란 말이 좀 어려울 수도 있겠어요. 더 쉽게 이야기해볼게요. 심리 치료에서 말하는 '해석'은 친밀한 관계에서 '이해받는 것'을 가리켜요.

'그래, 어떻게 말해야 할지 모르겠고 말하고 싶지도 않다면, 내가 당신 마음속 불안과 고통을 대신 이야기해줄게.'

이렇게 상대를 이해하는 거죠. 전에 어떤 마음씨 착한 부인을 만난 적이 있는데요. 부인은 남편이 처음 폭력을 쓰려는 순간 그 주먹을 막고 남편의 눈을 똑바로 바라보며 이렇게 말했어요.

"상황이 이렇게 돼서 당신 마음이 얼마나 아플지 내가 잘 알아. 아마 당신도 아버지처럼 실패하고 마는 건 아닐까 겁이 나겠지. 하지만 난 당신한테 맞아주지 않아. 당신이 당신

아버지랑 완전히 다른 사람이란 걸 나는 알고 있으니까."

그 부인의 이야기가 두고두고 마음에 남아요. 화가 머리 끝까지 치솟았던 남자는 단호하고 용감한 여자의 포용 앞에서 금세 눈물을 주르르 흘리며 함부로 주먹을 휘두르지 못하는 아이가 돼버리더라고요. 엄마도 그 장면을 보셨다면 마음을 '이해받는 것'이 얼마나 큰 치유이자 회복인지 한눈에 아셨을 거예요.

하지만 사람들은 대부분 불안에 대해 잘 알지 못하기 때문에 자기 안의 아이도, 사랑하는 사람의 내면의 아이도 알아보지 못하죠. 그래서 누군가 이해할 수 없는 행동을 해도 즉각 반격하지 못하고 꾸역꾸역 참는 거예요. 폭력적인 사람들이 해소하지 못하는 불안감을 대신 표현해주는 사람은 거의 없어요. 대부분은 고통을 이해한다는 말조차 하지 못하죠. 그러다 보면 결국 거칠게 충돌하거나 폭력을 당한 쪽이 낙담하게 되고요. 어째서 상대의 이성이 그토록 마비되는지 이해하면서도 도울 수가 없으니까, 혹은 상대가 어째서 그러는지 정말 이해할 수 없다는 걸 스스로 인정하게 되니까요.

이렇게 혼란스러운 상황에서 생각이 막혀버리면 사랑도 퇴색하고 말아요. 그동안 참아온 게 의미 없어지고 마는 거죠. '그래도 사랑하는 사람인데, 이런 상황마저 그 사람에겐 한으로 남지 않을까?' 하면서요.

엄마, 혹시 기회가 생기면 이웃 여자한테 말해보세요. 만약 그 아내가 남편이 어째서 그러는지 알고 있다면 가만히 참지만 말고 자기가 이해하고 있다는 걸 남편에게 말하라고요. 남편이 왜 그러는지 정말 모르겠다면 그 아내는 전문가의 도움을 받거나 자기 자신을 생각해서라도 하루 빨리 거기서 벗어나야 해요. ✍

능력이 특출한 사람과 지나치게 무능한 사람은

비슷한 기분일 수 있다


사랑하는 은은아.


'내면의 아이'로 표현을 하니 확실히 불안감이 친근하게 느껴지는구나. 그러니까 내면의 아이가 곧 마음속 가장 깊은 곳에 있는 불안이라고 생각할 수 있다는 거 아니냐, 그렇지?

네 동생 문제로 엄마가 너와 이야기하고 싶은 게 있단다. 그 녀석의 내성적인 성격 때문에 엄마 골머리가 아픈 건 잘 알지? 대학을 막 졸업하고서 잠깐 취직했던 걸 빼면 만날 집에만 있잖니. 졸업한 지가 언젠데… 기껏해야 아르바이트나 했지, 돈을 벌어 자기 힘으로 살 생각이 전혀 없어.

오죽하면 엄마가 그 녀석을 데리고 직업소개소에 간 적도 있는데, 거기서도 정말 아무것도 관심 없는 얼굴을 하고 있지 뭐냐. 소장이 질문을 해도 들은 체도 않고 사람을 똑바로 보지도 않으니 어떻게 그런 놈에게 좋은 일자리를 찾아주겠니? 엄마가 이런 얘기도 해봤어.

"마음에 드는 일자리를 못 찾겠으면 대학원에 가는 건 어떠냐?"

그랬더니 대뜸 그러는 거야.

"엄마는 대학원에 가면 좋은 일자리를 찾을 거라고 어떻게 확신해요? 서류 한 장 더 있는 게 그렇게 대단한 거예요?"

정말 이상하더구나. 나한테는 그렇게 또박또박 말대꾸를 잘하면서 어떻게 밖에만 나가면 고양이처럼 조용해진다니?

너도 생각을 좀 해봐라. 내일모레면 서른인 사람이 직장 경력 하나 없다니. 성격은 쭈뼛거리는 데다 여자 친구도 없고 말이지. 시절이 얼마나 좋아졌는지 요즘은 꼭 밖에 나갈 필요도 없잖니. 인터넷만 있으면 물건도 다 사고, 게임도 하고, 음악도 듣고, 만화도 보고 말이야. 번듯한 배울거리는 없으면서 놀거리는 천지에 널렸지. 게다가 네 동생은 저녁에 내가 밥 한 끼 해주는 걸 빼면 늘 배달 음식으로 끼니를 때

운단다. 뭘 사러 대문 밖을 한 번 안 나선다. 밖에서는 네 동생 같은 녀석을 뭐라고 부르는 줄 아니? '니트족<sup>NEET族</sup>'★이라 더구나! 아이고, 엄마는 도무지 어떻게 해야 할지 모르겠다.

은은아, 너도 알다시피 엄마는 이제 늙었잖니. 나라고 이 녀석을 얼마나 더 곁에 두고 살겠니? 언젠가 나나 네 아빠 모두 세상을 떠나면 네 동생 녀석은 어쩌면 좋을까? 너야 네 가족이 있으니 엄마도 이 녀석이 네게 짐이 되는 건 원치 않는다. 말 좀 해다오, 은은아. 어떻게 해야 엄마가 그 아이의 불안을 이해할 수 있겠니? 뭘 어떻게 해야 네 동생을 도울 수 있을까? 🍃

사랑하는 엄마.

혹시 그거 아세요? 지나치게 무능한 사람과 능력이 특출한 사람은 종종 같은 기분을 느낀대요. 같은 종류의 사람이란 거죠.

제가 아는 출중한 사람들 중에는 좀처럼 행복을 느끼지 못하는 사람이 꽤 있어요. 보통 그런 사람들에겐 목표를 이뤘을 때의 성취감이 곧 기쁨이고 삶의 원동력이 되거든요. 반면 제가 만난 사람들 중에서 스스로 무능하다고 느끼는 사람, 혹은 그렇게 평가받는 사람은 삶 전반에 성취감이라 할 만한 자양분이 없었어요. 그러니까 매일 아무 일 없이 보내도 급할 게 없는 거죠. 주변에서 뭐라 해도 신경 쓰지 않고요. 물론 그들도 마음 깊은 곳에서는 여전히 느끼는 바가 있을 거라고 생각해요. 그저 내면세계에 성벽을 세우고 숨어들어 외부와 만나기를 거부하는 것뿐이죠.

농사에 비유하자면요, 능력이 넘치는 사람은 남들 눈에는 성실한 농부처럼 보이는데, 유심히 보면 사실 작물이 싹을 틔우고 성장하는 걸 진득하게 기다리지 못해요. '싹이 안 나면 어쩌나' 하는 조바심 때문에 가만히 있지 못하는 거예요. 이런 사람들은 세상 만물에 정해진 운명이 있다는 걸 알면서도 그걸 자기가 통제할 수 없다는 사실을 받아들이지 못할 때가 많아요. 오직 수확하는 순간에만 기쁨이 샘솟죠. 그러면 늘 수확만 기다리는 신세가 되고 말아요.

제 주변에도 능력이 많은데 행복하지 않은 사람이 여럿 있어요. 그중에 감정 기복이 큰 친구가 있는데요, 주위에서 보기에는 가진 게 진짜 많거든요. 남편에, 아들에, 차에, 집에, 직장에, 물려받은 가업까지 다 가진 사람이에요. 게다가 이 친구는 아주 열심히 살아요. 스스로 난이도 높은 목표를 세우고 믿을 수 없는 효율로 그 목표를 하나씩 이뤄가죠. 그런데도 툭하면 기분이 처지고 완전히 무너져 펑펑 울 때가 있어요. 없는 게 없는 사람인데 어째서 행복하지 않은 건지 모두 이해하지 못했죠. 우리는 그 친구에게 스스로 지나치게 스트레스를 준다면서, 모든 일에 완벽할 수 없으니 조금 느슨하게 지내도 괜찮다고 몇 번이나 말했어요. 그런데 며칠 전 길에서 우연히 그 친구를 만났어요. 오랜만에 만난 터라 어찌나 반갑던지 커피를 함께 마셨는데, 표정이 전보다 많이 편안해졌더라고요. 무슨 일이 있었냐고 물으니 친구가 웃으면서 고개를 잘래잘래 저으며 그러는 거예요.

"별일은 아니고… 아니, 좋은 일이라고 할 수도 있겠다."

친구 말이, 얼마 전까지 한동안 계획한 것들이 뜻대로 풀리지 않아 힘들었대요. 그러던 어느 날 남편과 말다툼이 벌어졌는데, 남편이 어째서 이렇게 이해할 수 없게 변했느냐고 하더라는 거예요. 화가 잔뜩 난 친구가 히스테릭하게 말했대요.

"결혼한 지가 언젠데 아직도 몰라? 내가 기분이 나쁠 때 필요한 건 구구절절 지당하신 말씀이 아니라 위로와 포옹이라고!"

덥석 말해놓고 친구는 얼굴이 붉어졌고, 나무토막 같은 남편은 휭하니 돌아서 욕실로 들어가버리더래요. 한순간 친구는 버려진 듯한 기분에 몹시 서글퍼졌죠. 그런데 뜻밖의 일이 일어났대요. 남편이 세수를 하고 나와서는 뻣뻣하게 두 팔을 펼치며 이러더라는 거예요.

"자, 안아줄게."

순간 가슴이 찌릿하면서, 억지든 아니든 그렇게 팔 벌리고 안아주겠노라고 나서는 것이 얼마나 용기가 필요한 행동인지 짐작이 되더래요. 남편의 표정은 그다지 낭만적이라거나 다정하다고 하기 어려웠지만 친구는 오래 함께 산 부부로서 남편의 표정 뒤에 숨은 진심을 느꼈다고 해요. 그래서 그 품에 와락 안겨 엉엉 울면서 한참이나 같은 말을 뇌까렸대요.

"난 잘하는 게 아무것도 없어, 잘하는 게 없다고…."

그러니까 남편도 친구를 안고 등을 토닥이며 앵무새처럼 똑같은 말을 반복하더래요.

"아무것도 안 해도 상관없어. 아무것도 안 해도 된다고, 상관없어…."

그런데 이 말은 친구가 어린 시절부터 어른이 되도록 부모님께 한 번도 들어보지 못한 말이었대요. 기억하는 한 부모님이 가장 많이 하신 말씀은 "파이팅!", "좀 더 노력해!" 같은 거였다는 거예요. 친구가 그러더라고요. 남은 반평생은 다르게 말해줄 사람을 찾았으니 다행이라고요. 물론 친구도 잘 알고 있었어요. 자기가 더 용기를 내 떼를 썼다면 부모님도 분명 위로를 해주셨을 거라는 걸요.

누구든 능력에는 한계가 있는 것 같아요. 우리가 할 수 있는 건 이렇게 한계가 분명한 삶에서 최대한 성의를 보이는 거겠죠.

'괜찮아. 나는 그런 당신을 사랑해. 그러니 당신도 한계 있는 나를 사랑해주면 좋겠어.'

이렇게 사랑하는 사람이 느끼도록 말이에요.

능력이 출중한 사람이 이렇다면 능력이 모자란 사람도 마찬가지 아니겠어요? 할 수만 있다면야, 남에게 인정받고 싶지 않은 사람이 어디 있겠어요. 남에게 짐이 되고 얻어 쓰기만 하는 것보다는 누구에게든 베풀고 힘이 되고 싶은 게 사람 마음이겠죠. 오죽하면 이런 말을 하는 친구도 있었어요.

"다른 사람이 나를 유용하게 써먹을 때 내가 가치 있다고 느껴."

사랑하는 엄마, 동생은 남에게 힘이 되어줄 기회, 베풀어볼 기회가 없었던 게 아닌가 싶어요. 다시 농사에 비유한다면 이런 게 아닐까요. 그 애도 분명 자기 밭을 가진 농부인데, 주위에서 지레 걱정을 하거나 시샘을 하는 거죠. 행여 그 애가 풍성한 수확을 거두지 못할까봐 묻기도 전에 농사 짓는 법을 가르치고, 그걸로 모자라 호미를 뺏어들고 대신 농사를 지어주려드는 거예요. 그러면 밭 주인은 집에 들어가 사람들이 농작물을 수확해 가져다주길 기다리는 수밖에 없어요. 집에 들어앉은 사람이라고 속이 편할 거라는 생각은 오해예요. 그런 나날이 이어지면 이런 사람은 자기 논밭이 눈앞에 있다는 사실조차 잊어버리기도 해요.

엄마를 탓하는 게 아니에요. 저도 엄마랑 다르지 않았는걸요. 그래서 저도 모르는 사이에 호미를 빼앗아 그 녀석 스스로 생존할 힘을 없앴던 거고요.

혹시 기억하세요? 동생이 어릴 때 말예요, 그 애는 화가가 되고 싶어 했잖아요. 하지만 우리는 그림을 그려서 어떻게 먹고살지를 걱정하면서 안정적인 일을 찾길 바랐죠. 유순하고 내성적인 그 애는 저처럼 남이 정해둔 것을 거부하는 법이 없었어요. 하지만 그림을 그리지 않게 된 뒤로 그 애 눈에선 생기가 사라졌어요. 엄마, 그거 아세요? 그 애기 입만 열면 뭐라고 하는지요.

"알아서 정하세요."

그러고 나서 들릴 듯 말 듯 한마디를 보태요.

"어차피 난 잘하는 게 없으니까."

동생을 보며 저는 유명한 심리학 실험이 떠올랐어요.

미국 펜실베이니아 대학교의 마틴 셀리그먼<sup>Martin Seligman</sup>★
교수가 한 실험인데요. 개 두 마리를 각기 다른 방에 넣고,
불이 켜지면 바닥에 전기를 흘려 개를 자극하는 거예요. 하
지만 A방은 코로 벽을 치면 전류가 멈추고, B방은 어떻게 해
도 전류가 멈추지 않게 설계했어요. A방에 있는 개는 불이
켜져 전기가 오르면 얼른 벽에 코를 댔죠. 반면 무슨 수를 써
도 이를 멈출 수 없었던 B방의 개는 머지않아 바닥에 엎드린
채 낑낑거리면서 자극을 참을 뿐 꼼짝도 하지 않았어요.

얼마 뒤 두 개를 새로운 방으로 옮겼는데, 여기엔 중간에
얇은 칸막이가 있어서 바닥에 전기가 흐를 때 반대편으로
넘어가면 안전해지도록 만들었어요. A방에서 전류를 끌 줄
알게 된 개는 적극적으로 칸막이를 뛰어넘었는데, 놀랍게도
B방에서 아무것도 할 수 없던 개는 새로운 환경에서도 바닥
전류를 피할 생각을 않고 가만히 누워 있더래요. 낑낑거리지
도 않고요. 심지어 털이 타는 냄새가 나도 개는 일어나지 않
았죠. 훗날 사람들은 이 실험 결과를 일컬어 '학습된 무기력'
이라고 했어요. 노력해도 결과가 좋지 않을 때 아예 시도를
포기하는 거예요.

엄마, 물론 우리가 전류로 동생을 자극한 적은 없어요. 하지만 사람 사는 세상에서 어떤 말은 전류보다 더 큰 상처를 주기도 해요. 특히나 정말로 능력에 한계가 있는 아이에게는 부모의 한마디가 더 위험해지죠.

"아이고, 어쩜 이 모양이니?"

이 말 때문에 아이들의 환상 세계가 무한히 확장될 수도 있죠. 이런 상태가 오래 지속되면 아이들은 습관적으로 소심하게 행동하거나 자신감을 잃고 말아요.

예전에는 부모가 자꾸 심한 말을 해서 아이가 소심해지거나 자신감을 잃는다고 생각했어요. 그런데 심리학을 오래 공부하다 보니 알게 되더라고요. '부드러움'의 압력이 훨씬 강하다는 걸요. 이를테면 부모들이 흔히 이렇게 말하잖아요.

"아가, 그러면 안 되지."

"우리 예쁜이, 이럼 안 될 거 같은데."

"귀염둥이, 이런 행동은 하지 말아야 해."

은근한 말투로 계속 거절당하는 아이는 자기가 인정받지 못한다는 걸 그만큼 완곡하게 받아들여요.

'나를 위해 그러는 거야.'

부드러운 포위 속에서 아이는 점차 질식되죠. 부드러움

속에서 죽어간다니, 이보다 치명적인 게 어디 있겠어요? 그래서 동생에게 지금 당장 말해주고 싶어요. 얼른 집을 떠나라고, 우리가 은연중에 휘두르는 완곡한 강요에서 도망치라고요. 여자 친구가 없다고 죽나요? 일자리가 안정적이지 않다고 죽어요? 쉽게 사람을 사귀지 못한다고 죽냐고요.

그렇지 않잖아요, 엄마.

하지만 사람이 학습된 질식 상태에 머물면 그 정신은 죽은 거나 마찬가지예요.

전 그 녀석의 누나고, 또 그 애를 사랑해요. 그래서 더 이상 동생이 그렇게 사는 걸 보고 싶지 않아요. ✤

아무 말도 못 하겠다고,

아무 말도 하지 못했다고 느낄 때.


어쩌면 내가 상대를 몰아세워

아무 말 못 하게 만든 건 아닐까.

## "나 때문에 이렇게 된 거야."

### 억압은 자기에게 내리는 벌이다

사랑하는 은은아.

네 직설적인 표현에 나도 그럭저럭 적응을 하고 있긴 하다만, 그래도 가끔은 네 말에 숨이 탁 막힐 때가 있구나. 직접 마주할 용기가 없어 어떤 악순환에 빠진 채로 곤경을 해결하지 못하는 건 아닐까…. 나도 그런 생각을 했거든.

아무튼 내면의 아이가 느끼는 불안을 이야기하면서 엄마도 시야가 많이 넓어졌다. 그러니까 은은아, 엄마 앞에서는 하고 싶은 말을 뭐든 해도 된다고 특별히 허락할게. 네 동생 문제는 네가 와서 그 애한테 '집을 떠나라'고 말 좀 해주렴. 아무래도 나는 너희를 질식시키는 부드러움에서 단박에 벗어나기도, 그 애가 어떻게 되든 모른 채 내려놓기도 어려울 것 같아서 말이야.

그래도 말이다, 엄마도 나름대로 계획을 세웠단다. 일단 친구와 꽤 긴 여행을 떠나기로 했어. 그러면 네 동생도 밥을 해다 바치는 사람이 없으니 혼자 해먹는 생활을 해보겠지. 그래도 네가 몰래 좀 도와주렴. 가끔 엄마 대신 관심도 보여주고. 그 녀석 혼자 집에서 굶어죽을 순 없는 노릇 아니냐.

어제는 럭키랑 공원에 산책을 나갔다가 공원에서 굉장히 걱정스러운 사람을 봤단다. 한 바퀴 돌고 기운이 빠져서 공중화장실 앞 나무 아래에서 쉬고 있었는데, 웬 젊은이가 화장실 앞 수돗가에 슬그머니 다가서더구나. 어쩐지 이상해 보여서 행여 무슨 나쁜 짓이라도 하려는가 싶어 조용히 지켜봤어. 반대로 위험한 상황이 있으면 럭키를 풀어 도와줄 수도 있고 말이야.

하지만 완전히 잘못 짚은 거였어. 젊은이는 나쁜 짓을 하려는 게 아니라 그저 손을 씻고 있었으니까. 근데 참 이상도 하지. 남자가 물을 틀고 비누를 들어 오른손, 왼손을 번갈아 씻더니, 잠깐 물을 잠그고 다시 또 물을 틀어 손 씻기를 몇 번이나 반복하는 거야. 얼마나 오래 씻던지, 원. 아니, 손이야 한 번 씻으면 되는 거잖니? 그런데 그 남자는 손을 한 번

씻고, 다시 물을 틀어 비누를 들고 오른손, 왼손 씻고, 그렇게 수도를 잠갔다 틀었다 하는 짓을 한참이나 계속하는 거야. 무려 한 시간 넘게 손을 씻었다니까. 얼마나 집중을 했는지 그 사람은 내가 지켜보는 것도 모르는 것 같았어. 물론 나도 시간 가는 줄 모르고 거기 있었고. 나 참, 그 사람이나 나나 둘 다 문제가 있는 것 같지?

저녁에 친구들이랑 밥을 먹다 이 이야기를 했더니 아줌마들이 기다렸다는 듯이 떠들어대더구나.

"거기 아무개도 그렇잖아."

"그이는 더 심하다니까."

얘기를 듣다 보니 별별 습관이 다 있더라. 어떤 사람은 불을 끌 때 꼭 버튼을 위로 세 번 눌렀다 아래로 세 번씩 눌러 끄는데 중간에 헷갈리면 다시 한다든지, 또 어떤 사람은 매일같이 집 청소를 해대는데 변기에 먼지 한 톨 묻는 걸 못 참고 바닥에 머리카락 하나만 떨어져도 진저리를 친다는 둥. 심지어 어떤 사람은 바닥을 데굴데굴 구를지언정 공중화장실에는 못 가고 자기 집 변기에 앉아야 일을 볼 수 있다더구나.

은은아, 이런 건 '현대병'이라고 해야 하는 건가?

엄마는 친구들 이야기를 듣고만 있었지만 어쩐지 그런 것들이 '불안'과 관련이 있다는 생각이 들더구나. 넌 어떻게 생각하니? 🌿

사랑하는 엄마.

엄마도 강박증에 대해 들어보신 적이 있을 거예요. 예를 들어 불결한 것이나 위험한 것, 전염 같은 걸 두려워해서 반복적으로 씻거나 청소를 하고 확인을 거듭하는 행동 말예요. 이렇게 의식적인 행동을 강박증이라고 해요. 엄마 말씀대로 강박증은 확실히 불안과 관련이 있죠. 갑자기 생각난 건데 예전에 제사 드릴 때 우리에게도 할머니만의 법칙이 있었잖아요. 꼭 정해놓은 술잔을 써야 하고, 그 잔에 술을 얼만큼 채워야 하는지 늘 말씀하셨잖아요. 안 그러면 다 불경한 것처럼요(그러지 않으면 한밤중에 조상님께 엉덩이라도 맞을까봐 그러셨나보죠). 의식이라는 것도 대체로 비슷해요.

전문적인 진단은 미뤄놓고, 전 엄마 말씀이 맞다고 생각해요. 그런 의식적이고 강박적인 행동은 아마도 현대 사회에 살면서 사람들이 억압받은 결과일 거예요.

그리스 신화에 시시포스란 힘 센 남자가 나오는데, 시시포스에 관한 이야기는 여러 가지가 있어요. 그 가운데 시시포스가 본래 한 나라의 왕이었다는 이야기를 볼게요.

어느 날 시시포스 왕은 제우스가 강의 신 아소포스의 딸을 유괴하는 장면을 목격했어요. 비밀로 해달라는 제우스의 말에 그러마고 답하긴 했지만, 시시포스는 아소포스와 친했기 때문에 가만히 있을 수 없었죠. 그래서 넌지시 귀띔을 해요. 바보가 아닌 이상 아소포스도 제우스가 딸을 유괴했다는 사실을 알아차리죠. 그 때문에 제우스는 아내인 헤라와 얼굴을 붉혀야만 했어요.

다른 이야기에선 시시포스의 나라에 가뭄이 들어 샘이 말라버리자 샘물을 되살리기 위해서 아소포스에게 비밀을 털어놓았다고 해요. 또 다른 이야기도 있어요. 시시포스는 죽기 전에 아내의 의리를 시험하려고 자기 시신을 사람들이 많이 다니는 광장에 버리라고 말하죠. 아내는 그의 말을 따랐지만 저승에 도착한 시시포스는 이내 후회에 빠져요. 그래서 제 시신을 광장에 버린 아내를 벌하러 인간 세계로 돌아가겠노라고 죽음의 신 하데스에게 졸랐죠. 뜻밖에도 하데스는 허락을 해줬어요. 인간 세계로 돌아온 시시포스는 따뜻한 햇볕과 매끄러운 물결에 마음이 바뀌어 저승으로 돌아가지 않고 오랫동안 머물러 살았대요.

아무튼 시시포스는 신들의 심기를 거스르는 일을 많이 저질렀어요. 그래서 결국 지옥에 갔고, 산꼭대기에서 굴러내려오는 거대한 바위를 밀어올리라는 벌을 받았죠. 굴러내리는 바위를 반복해서 밀어올리다 보면 영원히 하루가 끝나지 않을 것만 같았을 거예요.

시시포스 이야기는 종종 '강박'과 연관돼요. 어쩔 수 없이 비극에 빠진 사람이 자기 통제력을 잃는 상황으로 해석되거든요. 저도 전형적인 사례를 만난 적이 있어요. 결혼 생활이 만족스럽지 않은 어떤 아내는 남편이 바람을 피우자 공기에 세균이 가득 찬 것처럼 느껴지더래요(남편이 가져온 세균일까요?). 그래서 틈만 나면 온갖 살림살이를 닦고 또 닦아댔어요. 또 어떤 사람은 어릴 때 아빠와 자전거를 타고 바람피운 엄마와 내연남을 잡으러 갔는데, 그때 이후로 어른이 되도록 옷을 주름 하나 없이 반듯하게 개키는 버릇이 생겼대요.

단순하게 해석하자면 이 사람들은 생활이 본 궤도를 벗어났던 경험 때문에 빈틈없는 의식적인 행동으로 상황을 바로잡으려 드는 거라고 할 수 있어요. 어떤 사람은 현실과 내면의 완벽주의가 어긋난 탓에 스스로 통제할 수 있는 방법으로 '완벽하지 않다'는 불안을 상쇄시키는 거라고도 해요. 지나치게 의식적이고 강박적인 행동은 그 자체로 그치는 게 아니라 이면에 불안의 핵심인 '억압'이 도사리고 있게 마련이에요.

사랑하는 엄마, 우리가 평소 '억압'이란 말을 어떻게 사용하는지 한번 생각해보세요. 흔히 이렇게 말하잖아요.

"아, 이 사람이 나를 억압하는 것 같아!"

"제발 나를 억압하지 마!"

어찌 보면 '억압'이란 건 인간이 타고난 본성인지도 모르겠어요. 배 속에 있을 때부터 갖고 나온달까요? 과연 그런 걸까요? 태어난 지 불과 얼마 되지 않은 아기들을 유심히 관찰해보세요. 억압받고 있다고 할 만한 아기가 몇이나 될까요?

그런 아기는 거의 없어요. 있다 해도 아주 적죠. 아기들은 아주 자유롭고, 오히려 제멋대로인 경우가 더 많아요. 어른들은 아기가 언제 울고 싶은지, 언제 자고 싶은지 알 길이 없어요. 제어할 수도 없어요. 아이가 언제 병을 뒤엎을지, 소중히 간직하던 그림에 오줌을 쌀지 어떻게 알겠어요?

사실 아기는 우리 어른들의 원형이랄까요, '작은 사람', 다시 말해 가장 원시적이고 단순한 인류나 다름없어요. 그렇기 때문에 사람의 초기 성격 설정에는 '억압'이란 게 없어요. 하지만 멜라니 클라인은 불과 한두 살만 되어도 아이는 억압으로 인한 특징을 보인다고 했어요. 이런 현상을 아이의 현실감이 욕구와 충돌하는 거라고 설명했죠.

이를테면 아이들은 공원에서 진창을 보면 온몸에 진흙이 묻건 말건 뛰어들려 하잖아요. 얼마나 재미있겠어요? 하지만 이런 욕구는 종종 부모의 기대와 어긋나죠. 아이가 진창에 채 들어가기도 전에 훈계가 시작돼요.

"아휴, 더러워! 세균이 발바닥에 묻어서 몸에 기어들어갈 수도 있어. 얼마나 아프다고!"

"옷 더러워지면 네가 빨 거야? 진흙탕에서 놀고 싶다면 네 옷은 네가 빨든가!"

부모 입장에서야 논리적이고 문제랄 게 없는 훈계죠. 하지만 아이에게는 온통 막막한 형용사들일 뿐이에요.

'더러운 게 뭐지? 진흙이 더러운 거야? 내가 보기엔 정말 재미있을 것 같은데!'

'세균은 뭐지? 송충이 같은 건가? 세균이 물면 벌레가 무는 것 같은가? 그렇게 무서운가?'

이렇게 훈계에서 비롯된 아이의 난해한 환상은 본래 부모가 전달하려던 정보와 달리 무시무시하게 확대되고, 결국 위협이 되어버려요. 얼떨결에 고개를 끄덕이긴 해도 아이는 부모가 정말 하려는 말뜻을 이해하지 못해요. 그래서 같은 실수를 여러 번 반복하죠. 심하게 야단을 맞으면서 본래 즐기려던 욕구가 상처로 변할 때까지 말이에요.

아이는 이렇게 불쾌감을 불러일으키는 어떤 이미지를 마음속 깊은 곳에 억눌러놓아요. 즐기고 싶은 제 욕구에 죄책감을 느끼고 진창을 멀리하게 돼요. 어른이 된 뒤에도 마찬가지 방식으로 마음속 진짜 욕구를 처리하게 되고요.

어떤 의미에서 이건 또 다른 시시포스 이야기라고 할 수 있어요. 규칙을 정하고도 어째서 지켜야 하는지 정확히 설명하지 못하는 부모는 마음속 신이나 다름없어요. 위배할 수 없는 엄청난 권위로 우리의 제한된 마음에 자리 잡는 거죠. 그 때문에 현실 생활에서 절망적인 순간에 맞닥뜨려도 우리는 감히 진상을 알려 하지 않고 그 상황을 깊이 있게 헤쳐보기를 두려워해요. 한참 지나서야 그 권위에도 흠이 있고 항상 옳기만 한 게 아니란 걸 알게 되죠. 그런데 그 순간에도 우리는 줄곧 믿어온 권위를 모독하느니 차라리 스스로를 벌하는 쪽을 택해요. 엉망진창이 된 상황에 대해서도 '일이 이렇게 된 건 내 탓이야'라면서요.

"모두 내 탓이야."

"나 때문에 일이 이렇게 된 거야."

사랑하는 엄마, 어쩌면 하루 종일 청소를 하는 아내가 솔을 부여잡고 닦아내려 한 건 변기가 아니라 자기를 배신하고 바람을 피운 남편이었을 거예요. 주름 하나 없이 옷을 개키는 남자가 정말 반듯하게 정리하고 싶었던 건 부모의 결혼 생활 때문에 불편해진 집안 분위기였을 테고요. 공중화장실에 가지 못하는 대학생이 공공장소의 세균을 허락할 수 없었던 건 결벽증인 어머니가 더럽다며 그를 가까이하지 않았기 때문일지 몰라요. 또 반복적으로 불을 _끄고_ 켜던 젊은이가 정말 _끄고_ 싶었던 건 이런 생각일 수도 있어요.

'나의 동성애를 받아주지 않는 부모님의 생각을 꺼버리고 싶다.'

억압 때문에 생기는 불안은 혼자 속으로 감당해야 하고, 적절한 수위를 넘어가면 결국 발작하듯 몸으로 드러내게 돼요. 마음에 쌓인 그 분노는 원래 외부를 향한 거였죠. 그런데도 우리는 나를 벌할지언정 힘들게 만드는 이를 탓하려 하지 않아요. 어쩌면 탓할 수 없는 건지도 모르겠어요. ✐

덮어놓은 불안은

의식적인 행동으로 일상에 나타나곤 한다.

혹시 이미 발견하지는 않았는지?

# "자칫하다간
## 자리를 빼앗길지도 몰라."
### '질지도 모른다'는 상상과 '질 수 없다'는 불안감

사랑하는 은은아.

남을 탓하려 하지 않는 사람 이야기를 들으니 문득 떠오르는 게 있구나. 얼마 전에 좀 불쾌한 식사 자리가 있었어. 저번에 이틀 연휴 때 말이다. 네 외삼촌들, 외숙모들, 외종이모와 외종숙부 들과 함께 꽃놀이를 갔단다. 어려서 쭉 같이 자랐는데 각자 살기 바쁘다 보니 정말 오랜만에 함께 모인 거였어.

네 외종이모는 나보다 두 살 많은데 우리는 어릴 때도 특히 사이가 좋아서 잠도 함께 자곤 했단다. 나란히 누워 외종이모가 학교에서 있었던 일이나 짝사랑하는 남학생 이야기를 들려주면 밤이 깊도록 시간 가는 줄 몰랐지. 얼마나 사이가 좋았는지 몰라. 내가 결혼할 때도 네 외종이모가 많이 챙겨줬어. 그런 사람을 오랜만에 보니 얼마나 감격스럽던지, 나도 모르게 네 외종이모를 꼭 부둥켜안고 어릴 적 이야기를 나눴단다.

우리 사이야 예나 지금이나 한결같지만 네 아빠와 외삼촌들, 이모부는 그다지 좋은 분위기가 아니더구나. 왜 아니겠니, 남자들이란! 한창 일하던 시절의 직업으로 잘난 척하는 거야 말할 것도 없고, 어릴 때 잘한 것 자랑도 필수 코스지. 하루 종일 그런 이야기를 듣고 있자니 어찌나 속이 뒤집어지던지, 원.

"우리 사위는 키가 얼마나 큰지 우리 집에 올 때마다 툭하면 문에 이마를 부딪쳐."

네 큰외삼촌이 대체 왜 그런 소릴 했는지 모르겠다만 아마 제 딴엔 농담이라고 꺼냈을 거야. 사위 키를 자랑한 걸 수도 있고. 근데 옆에 듣던 사람이 그러더구나.

"웃기긴 하네. 근데 그거야 현관을 좀 높이면 되잖아."

"우리 아들이 학교 졸업하고 미국에서 일하는데 너무 바빠서 설에도 못 온다고 하네. 서양에는 음력 명절이 없잖아.

그래서 자기가 못 온다고, 비행기표 사서 보내줄 테니까 우리더러 미국으로 오라지 뭐야."

　네 외종숙부가 한 말이란다. 아들네가 미국에 영주권을 신청해서 '선진국'에 이민을 가게 됐다는구나.

　은은아, 남자들의 이런 대화는 지루하기 짝이 없었다. 어차피 애들 얘기인데 마치 자기가 뭘 이룬 것처럼 얼마나 목에 힘을 주던지. 물론 다 좋은 소리이긴 한데 어쩐지 분위기는 점점 안 좋아지는 거야. 그러다 급기야 이 양반들, 정치 이야기로 넘어가고 말았단다.

　"외국 거라면 사족을 못 쓰고, 요즘 애들은 외국 거라면 무조건 우러러본다니까! 우리 나라는 뭐 나쁜가? 뭐 하러 이민을 가?"

　"자네가 몰라서 하는 소리야. 세계화 시대에 젊은 애들이 국제적으로 놀아야 경쟁력이 있는 거라고. 우리 정부는 믿을 수가 없어!"

　은은아, 남자들은 그 뒤로도 내내 국회의원이 어떻고, 선거가 어떻고 갑론을박이더구나. 나랑 네 외종이모, 외숙모들은 상황이 심상치 않게 돌아간다고 느끼기 시작했지. 거기 있는 남자들이 지지하는 정당이 죄다 달랐거든. 얼마 만에 만난 가족인데, 꺼내봐야 좋을 게 없는 얘기를 뭐하러 하니?

아니나 다를까, 결국은 누군가가 상을 내리치면서 소리를 질러대더구나. 벚나무 아래 아름답던 시간이 정치 얘기 때문에 순식간에 대치 상황으로 변해버렸단다. 서로 자기 말이 맞다면서 얼마나 날을 세우고 물어뜯고 난리인지, 식사 자리에 보이지 않는 벽이 선명하게 생겨버렸어.

끝내 어떻게 됐을지는 너도 짐작이 가겠지. 기껏 오랜만에 만나서는 불쾌하게 헤어지고 말았지 뭐니. 심지어 네 외종숙부는 헤어지기 직전에도 못 참고 한마디를 보태더구나.

"누님, 앞으로 이런 모임에 나 부르지 마세요. 나 저놈 있으면 안 올 테니."

그 생각만 하면 지금도 정말 머리가 지끈지끈 아프다. 다들 나이가 몇인데 어쩜 그렇게 유치하대니? 🍃

사랑하는 엄마.

심리학을 공부하면서 배운 게 하나 있어요. 어떤 어른이
도저히 이해할 수 없는 행동을 할 때는 그 사람이 아이가 됐
다고 상상을 해보면 이유를 알게 된대요.

엄마, 외삼촌들이 하셨다는 이야기를 보면 말이에요, 마
치 누가 더 대단한지 경쟁하는 애들 같지 않아요? 큰형이 자
기 성적이 제일 좋다고 뽐내면 작은형이 달리기는 자기가
가장 빠르다고 나서잖아요. 그럼 막내는 성적도, 달리기도
별로니까 얼굴은 자기가 제일 잘생겼다고 우기죠.

엄마, 나이가 몇인데 그런 시답잖은 걸로 싸우느냐고 이
상하게 보실 필요 없어요. 동성 간의 경쟁 콤플렉스는 나이
와 상관없이 계속된대요. 여자들도 마찬가지고요.

이런 심리 현상이 어디에서 비롯됐는지를 설명하는 좋은

예가 있어요. 정신분석학의 대가 프로이트가 언급한 『오이디푸스왕*Oidipous Tyrannos*』 이야기인데요. 그리스의 비극 작가 소포클레스가 쓴 작품이에요.

주인공 오이디푸스는 스핑크스에게서 테바이 땅을 구해 왕위에 올라요. 그리고 이전 왕 라이오스가 세상을 떠나면서 홀로 남은 왕비 이오카스테를 아내로 맞이하죠. 하지만 어쩐 일인지, 오이디푸스가 왕이 된 뒤로 테바이 성에는 재난과 전염병이 끊이지 않아요. 그 때문에 오이디푸스는 신전으로 사자를 보내 아폴론에게 신탁을 구하죠. 신탁은 테바이 성을 더럽히는 불결한 것을 없애야 성이 재난에서 벗어날 수 있다고 답을 보내왔어요. 그 불결한 것은 바로 전왕을 살해하고 테바이 성에 숨어 있는 범인이었죠.

신탁을 본 오이디푸스는 사람들 앞에서 범인을 잡아 가장 엄중한 벌을 내리겠노라고 선언해요. 그런데 대체 누가 범인일까요? 오이디푸스왕은 예언자에게 사람을 보내 범인이 누구인지 물어요. 그런데 왕 앞에 나선 예언자는 꾸물거리며 대답을 하지 않아요.

"섣불리 입을 열었다가는 제 목숨이 온전치 않을 듯해 말할 수가 없습니다."

"뭐라? 알면서도 말하지 않겠다니, 우리를 배신하고 테바이를 망칠 셈이냐?"

예언자의 말에 오이디푸스왕은 불같이 화를 냈어요.

"모두에게 고통을 더할 뿐입니다. 어찌 저를 다그치느라 힘을 허비하십니까? 저는 말씀드릴 수 없습니다."

왕의 분노를 피할 길이 없어진 예언자는 한숨만 내쉴 뿐, 여전히 말을 하지 않았어요. 오이디푸스왕은 어르고 위협하며 탐정처럼 단서를 잡아 탐문한 끝에 뜻밖의 진실을 알게 돼요.

오래전, 테바이 성에 오기 전에 오이디푸스는 마차를 탄 노인과 싸우다 그를 살해한 일이 있었어요. 그런데 그가 바로 테바이의 왕 라이오스였던 거예요. 갈가리 찢어놓겠다고 엄포한 살인범이 오이디푸스 본인이었던 거죠.

더 최악인 건 라이오스 왕에게 아들이 하나 있었는데, 그 아들이 태어났을 때 신탁이 이르기를 "아이가 다 자라면 아버지를 죽이고 어머니를 아내로 맞을 것"이라고 예언한 거였어요. 정말 그런 일이 일어날까 두려워진 라이오스 왕은 아이의 발목에 구멍을 내 황야에 내다버리게 했다는 거예요. 저절로 죽도록 말예요. 하지만 명을 받은 양치기는 불쌍한 아기를 데리고 이웃 나라로 도망쳤고, 마침 자식이 없던 그 나라 왕이 아이를 거둬 키웠죠.

친아버지에게 버림받은 아기가 바로 훗날 제 아버지를 죽인 오이디푸스왕이었어요. 왕비 이오카스테는 아들이 아버지를 죽였다는 참혹한 소식을 듣고 충격에 빠져 자살해버렸어요. 오이디푸스는 아버지를 죽이고 아내를 잃은 비통함에 스스로 눈을 찌르고, 죄인에게 나라 밖으로 추방하는 벌을 내리듯 제 발로 성을 떠났죠.

"재앙보다 더한 재앙이 있다면 그것이 곧 나의 운명이리라."

오이디푸스는 이렇게 말했어요.

엄마, 심리학 이론으로 보면 오이디푸스왕의 운명은 살부殺父의 욕망이 현실이 되어버린 비참한 운명이에요. 사람들은 어려서부터 부모와 감정이 나빠질 때면 아빠 엄마가 '사라지는' 환상을 품잖아요. 여기서 한발 더 나아가 스스로 아버지나 어머니를 대신하겠다는 경쟁의식이 생겨나기도 해요. 프로이트는 이런 마음을 만 3~6세 사이에 보이는 불안감이라고 설명했어요. 하지만 아이들을 직접 관찰한 멜라니 클라인은 생후 4~6개월 사이 아기에게서 이미 이 현상을 발견했죠. 만 3~6세 아이들은 불안 심리가 절정기에 이른 상태고요.

물론 아이들이 정말로 부모를 죽이는 상상을 하는 건 아니에요. 아이들은 환상의 힘을 크게 평가하기 때문에 생각만으로 부모를 해치면 어떡하나, 정말 엄마나 아빠가 외계로 떨어져 나가버리면 어쩌나 걱정을 해요. 아이들은 부모에게 반박하거나 경쟁함으로써 제 능력을 보여주려 하면서도 마음속 계획이 부모에게 들통나 벌을 받을까봐, 혹은 자기 능력이 너무 강해 정말 부모를 다치게 할까봐 두려워해요. 멜라니 클라인은 어른이 남을 공격하고 싶어진다든지 누군가와 경쟁하려 한다든지 하는 것이 결코 별난 게 아니라고 했어요.

엄마, 잘 아시겠지만 사람이 건강하고 즐겁게 성장하려면 불안의 괴로움을 감당할 수 있어야 해요. 지나친 불안감은 심리의 저변에서 거센 폭풍우나 시커먼 먹구름처럼, 우르릉 쾅쾅 천둥이 일듯 천지를 암흑으로 뒤덮어버려요. 그러면 누구라도 당황하게 마련이고 안절부절하며 아무 일도 못 하게 되죠. 하지만 누군가의 내면에서 일어나는 이런 불안감을 들여다볼 줄 아는 사람은 보이지 않는 폭풍우가 지나길 기다려주고, 또 마음씨 좋은 사람은 손을 내밀어 우산을 씌워주기도 해요. 반면 그런 불안감을 보지 못하는 사람은 어둠 속에서 벌어지는 폭풍우에 발만 동동 구르는 우리를 더 큰 공포로 몰아넣어요.

엄마, 큰외삼촌이 한 말을 떠올려보세요.

"우리 사위는 키가 얼마나 큰지 우리 집에 올 때마다 툭하면 문에 이마를 부딪쳐."

제 기억에 큰외삼촌은 키가 크지 않아요. 그렇죠? 그 말은 얼핏 키 큰 사위를 자랑하는 것 같지만 달리 보면 당신 키가 작다는 낙심을 드러낸 것일 수도 있어요. 이거야말로 오이디푸스 콤플렉스 아니겠어요? 젊은이에게 추월당한 노인의 모습이 마치 아들에게 대체된 아버지처럼 모순적이잖아요.

마찬가지로 외종숙부가 미국으로 이민을 가 명절에도 오지 못하는 아들을 자랑한 것도 이런 뜻일 수 있어요.

"하! 애비가 평생 고생하며 외국까지 보내 공부를 시켰더니 이제 자식 놈이 머리 굵어졌다고 제 멋대로 해. 나한테는 물어볼 것도 없다 이건가?"

외종숙부 역시 온전한 기쁨보다는 가장의 위상이 아들에게 역전됐다는 복잡한 감정을 드러낸 거죠. 누구나 한때는 유능한 누군가를 대체하는 환상을 품고, 동시에 그렇게 강력한 사람을 대체하는 걸 두려워해요. 당연히 강한 사람에게 대체되는 것도 두렵고, 지레 그렇게 대체되는 환상을 품기도 하죠. 청출어람이 현실이 되는 건 우리가 환상 세계에서 수백 번도 더 그려보는 장면이에요. 하지만 솔직하게 말할 수 있는 사람이 얼마나 되겠어요?

"대단하네. 드디어 이런 날이 오고야 말았구나. 이제는 더이상 불안할 필요도, 두려워할 필요도 없겠네."

엄마, 어릴 때 아빠와 동생이 함께 있던 장면이 떠올라요. 동생이 학교에서 미술 수업을 하고 온 날이었는데 선생님이 알림장에 이렇게 적어주셨어요.

'그림을 매우 섬세하게 그리며 천부적인 재능이 있음.'

그림이라곤 하나도 모르던 저도 동생이 그런 칭찬을 받았다는 게 대단한 일이라고 생각했어요. 근데 그때 아빠 반응이 어땠는지 기억하세요? 잘했다고 칭찬하기는커녕 이렇게 말씀하셨어요.

"야, 아빠는 어릴 때 그림을 그렸다 하면 전국 1등이었어."

별 문제 없어 보이죠. 자식한테 '왕년에' 운운하며 자랑하고 싶지 않은 부모가 어디 있겠어요? 동생은 눈을 동그랗게

뜨면서 말했죠.

"와, 아빠 대단하다!"

근데 아빠가 연이어 말씀하셨어요.

"근데 커서 보니 그 정도 솜씨는 바보나 매한가지더라."

아주 흔한 상황, 미처 의식하지 못하는 대화, 엄마는 어떻게 보세요? 오이디푸스의 경쟁 같지 않아요? 아들의 재능을 별것 아니라고 얕잡아본 아버지가 금세 천재도 한순간이라고 하는 게 말이에요.

엄마, 전 그 순간 동생 눈에 비친 실망감을 영원히 잊을 수 없을 것 같아요. 물론 그런 걸로 아빠를 탓하지는 않아요. 엄마가 전에 말씀하신 것처럼 아빠가 자란 환경이 그랬을 테니까요. 그래도 마음이 편치 않더라고요. 오랜 시간 그런 환경에서 보고 자란 어른이 불안한 심리 때문에 아무 말이나 해대는 걸 뭐라고 탓할 수 있을까요? 그런 '아무 말' 너머에는 남들에게 공감받지 못한 불안감이나 겉으로 보이지 않는 상처가 숨어 있을 거예요.

엄마, 오랜만의 가족 모임이 '아무 말 대잔치'가 되어버려 많이 속상하셨죠? 아이든 어른이든, 자기를 내려놓을 자리를 찾아야 마음의 문을 열고 남들과도 잘 지낼 텐데요. 형제

자매도 마찬가지잖아요. 우리는 어릴 때부터 제대로 배울 만한 대상도 없는 상황에서 무작정 형제나 친구에게 예의 바르게 굴고 남에게 잘해주라고 강요받아요. 어른이 돼 마음대로 행동할 수 있게 되면 비로소 더 이상 억지로 어울리지 않는 때에 어울리지 않는 사람들과 함께하지 않아도 되고요.

좋은 인연을 지키려면 뜻이 맞지 않는 사람을 내치고 포기할 게 아니라 자기 내면의 불안을 먼저 돌보는 게 먼저인 듯해요. 🍃

스스로 물어본 적 있는가?

늘 성가시게 구는 누군가를 멀리하고 싶어도

정작 그러기엔 아쉬운 게 아닌지.

## "계속 이렇게 가면 끝장이야."
불안은 일종의 '이해할 수 없는' 기분이다

사랑하는 은은아.

오늘따라 왜 이렇게 불안한지 모르겠구나. 이제 막 정오가 지나 뜨거운 해가 중천에 있는데 엄마는 마냥 걱정이 앞선다.

평소처럼 아침 일찍 태극권 수업을 들으러 공원에 갔단다. 처음 수업을 시작했을 때만 해도 태극권을 배우는 노인이 공원의 3분의 1을 차지했는데, 사람이 어찌나 많은지 자칫하면 옆 사람을 치거나 앞사람 엉덩이를 찰 정도였거든. 그런데 시간이 지날수록 태극권 수업에 나오는 사람이 적어지지 뭐냐. 오늘도 몇 명이 안 왔더구나. 게으름을 피워서 못 나온 게 아니라 왕씨는 병이 나서 입원을 했고, 천씨 아줌마는 갑작스럽게 세상을 떠났어. 이런 슬픈 소식을 자꾸 듣다 보니 엄마도 마음이 무거워진다. 이제 와 돌아보니 그렇게 많은 사람들 틈에 끼어 있는 것도 따뜻한 경험이었던 것 같아. 사는 게 그리 적적하지 않게 느껴졌으니까 말이야.

오늘 아침에는 왕씨 아줌마가 직접 만든 꽃빵을 가지고 와서 여럿이 정자에 앉아 나눠 먹었단다. 근데 쉬씨 아줌마 말이, 머지않아 이 지구에 사람이 없어질 것 같다는 거야. 소는 광우병이 있고, 돼지는 구제역이 있고, 닭이나 오리는 조류 독감이 있고, 생선이랑 해산물은 중금속에 오염되었으니 그런 걸 안 먹고 버려도 길에 지나가는 개나 쥐가 먹어서 병에 걸려 죽을 수 있다나?

왕씨 아줌마는 쉬씨 아줌마 말에 영 기분이 상해서 쏘아붙이더라.

"그렇게 아무것도 못 먹을 거 같으면 직접 씨 뿌리고, 자기 손으로 밀가루 반죽해서 요리해 먹으면 될 거 아냐?"

(진짜로 왕씨 아줌마가 만든 꽃빵은 아주 맛있단다.)

근데도 쉬씨 아줌마는 그렇지 않다면서 미리 대비를 해야 소 잃고 외양간 고치는 일이 없을 거라고 하더라. 우리가 순진무구한 애들도 아니고, 설마 세상에 험한 일이 많다는 걸 모르고 살겠니? 범중엄<sup>范仲淹</sup>★도 그랬다잖아.

"천하의 근심을 먼저 걱정하고, 천하의 기쁨은 나중에 기뻐하라."

그 이치도 모를 사람이 누가 있겠니?

아무튼 그렇게 서로 한마디씩 하다 보니 아침나절이 다 가더구나. '정말 세상이 끝나는 날이 올까?' 이 이야깃거리를 끝으로 우린 자리를 정리했단다. 쉬씨 아줌마가 오후에 비가 잦다고 정오 전에 집에 가야 한다고 했거든.

"그러고들 앉아 있다가 비 오면 어쩌려고? 큰일 난다!"

쉬씨 아줌마는 그러고서 자리를 떠났어.

"봤지? 저이가 저렇다니까. 아주 비관주의자야."

쉬씨 아줌마가 가고 난 뒤 왕씨 아줌마가 기다렸다는 듯 말했지. 아무튼 엄마도 서둘러 아줌마들과 인사를 하고 헤어졌어. 내 생각에, 굳이 분류를 하자면 나도 쉬씨처럼 비관주의자인 것 같았거든. ✎

사랑하는 엄마.

종종 하는 옛말이 있죠.

'옛것을 거울삼아야 한다.'

지난날을 반성하면서 한 걸음씩 앞으로 나아가라는 뜻일 거예요. 그런데 이런 말도 있잖아요.

'지난 일은 어제로 이미 지나갔고, 앞일은 오늘부터 시작하면 된다.'

그런데 좀 의아하지 뭐예요. 안 좋은 옛일을 마음에 담아둔다는 건 좋지 않았던 자신을 과거에 놔두다는 의미가 되지 않아요? 가만 보면 우리 문화가 좀 비관주의인가봐요.

하하, 제가 옛날 말을 하니 좀 어색하죠. 마침 '비관'에 관한 자료를 읽고 있거든요. 그래서 엄마랑 함께 나누려고 해요. 영국의 팀 스펙터Tim Spector★란 사람이 일란성 쌍둥이를 집중 연구하다 발견한 사실인데요. 낙관이나 비관 같은 성격 차이는 유전적인 요인이 절반은 영향을 미치지만 환경의 자극에 따른 후천적인 반응으로 형성되기도 한다는 거예요. 이를테면 어떤 유전자는 마치 조광기처럼 환경에 맞춰 바뀌기 때문에 일란성 쌍둥이도 성격이 확연히 달라질 수 있대요.

마이클 미니Michael Meaney★는 더 대단한 실험을 했어요. 사람의 대뇌 속 글루코코르티코이드 수용체의 숫자를 측정하려 한 거예요. 이 수용체 수가 불안을 얼마나 감당하는지뿐만 아니라 유년기에 어머니의 사랑을 얼마나 받았는지까지도 확인하게 해주는 지표라고 생각했거든요. 그러니까 글루코코르티코이드 수용체는 어릴 때 받은 모성애의 정도를 반영하고, 이걸로 그 사람의 어머니가 감당한 스트레스와 불안의 정도까지 추측할 수 있다는 거죠. 불안한 엄마일수록 희생하고 감수하는 모성애의 역량에 한계가 생기니까요.

일레인 폭스Elaine Fox★는 '비관'이 무엇인지를 구체적으로 정의했어요. 폭스는 이런 실험을 했어요. 컴퓨터로 화난 표정과 즐거운 표정 등 여러 가지 표정을 보여주고, 특수한 불빛이 불규칙하게 반짝일 때마다 서로 다른 표정이 나타나게 했죠. 그리고 실험에 참여한 사람들에게 화면 속 표정에 특정 불빛이 나타나면 바로 단추를 누르게 해서 어떤 표정에 더 민감한지를 계산했어요. 실험 결과 비관적인 사람들은 화난 표정에 빠르게 반응했다고 해요. 일부러 의식하지는 않지만 화난 표정에 훨씬 쉽게 주목했다는 거예요.

지금까지 얘기한 세 사람의 연구로 세 가지를 알게 되네요.

첫째, 우리는 비관주의자로 타고나지 않아도 환경 때문에 비관적으로 바뀔 수 있어요.

둘째, 엄마가 느끼는 불안과 스트레스는 모성애에 영향을 미쳐요.

그렇기 때문에 셋째, 비관적인 성격은 엄마의 불안과 관계가 있고 간접적으로는 엄마의 주변 환경과 관련이 있을 수 있어요.

어찌 보면 비관적인 사람은 누군가가 화를 내거나 슬퍼하는 걸 특히 잘 알아차리는 데다 훨씬 자상하기까지 해요. 다만 그런 이의 관심을 받는 사람은 피곤해질 수 있죠. 왜냐하면 비관적인 사람들은 남들의 언짢은 표정 같은 부정적인 신호에 유난히 민감하게 반응하니까요.

엄마, 이 연구들도 멜라니 클라인의 이론을 입증하는 증거가 될 수 있어요. 기억하세요? 사랑하는 사람이 화를 내면 아이들의 내면세계에 공격적인 환상이 생기고, 이런 환상이 다시 아이들의 심리에 죄책감을 불러일으킨다던 얘기요. 이런 충돌을 견딜 수 없게 되면 불편한 느낌이 외부로 뻗쳐 또 다른 환상을 만들어요.

'내가 사랑하는 사람이 나를 공격하려 한다!'

그렇기 때문에 어린아이는 부모에게 화가 날수록 거꾸로 부모에게 벌을 받을지도 모른다는 공포에 시달리게 돼요. 게다가 아이들은 정신적으로 아직 완전히 발달하지 않았기 때문에 부모의 질책 한마디에도 거대한 공룡이 불을 뿜는 것 같은 무서운 환상에 빠져요.

"끝났어, 다 끝이라고. 계속 이대로 가면 정말 끝장날 거야!"

예민한 아이들은 금세 울음을 터뜨려요. 아이들은 백지 상태기 때문에 특히 유약하니까요.

엄마, 잘 아시겠지만 전 어릴 때 유난히 아버지가 무서웠어요. 한참 즐겁다가도 아빠는 한순간 이유 없이 버럭 화를 내곤 하셨죠. 그럴 때마다 전 어쩔 줄 몰라 내가 무슨 실수를 했는지, 아님 뭘 잘못했는지 필사적으로 되짚었어요. 일종의 보상 행동이었을 거예요. 하지만 그럴수록 엄마 아빠가 나누는 대화는 제대로 들리지 않았어요. 두 분 목소리가 점점 커지고 있다는 것만 느낄 뿐이었죠. 귀를 틀어막고 싶었지만 행여 중요한 정보를 놓칠까봐 그러지도 못했어요. 사실은 소리 내 울고 싶었는데 그랬다가는 엄마 아빠를 더 화나게 할까봐 겁이 났어요.

나중에 다 커서야 그게 부부 싸움이란 걸 알았죠. 부부 싸움은 부부의 문제지 아이가 잘못해서 벌어지는 건 아니에요. 제 잘못이 아니었던 거예요. 하지만 한동안 제 안에서는 부모의 싸움이 '내가 뭔가 잘못했다'는 생각으로 연결돼 떼려야 뗄 수 없는 완벽한 공포의 환상으로 이어졌어요. 전 두 분의 다툼 사이에서 옴짝달싹할 수가 없었어요. 실제로 큰소리가 들리면 위가 아파서 본능처럼 뭔가 다른 걸 하고 싶어지더라고요. 아무것도 할 수 없을 때는 안간힘을 디해 담담한 척했지만 사실은 굉장히 긴장하고 있었어요.

저는 비슷한 경험을 한 사람들을 많이 알아요. 어떤 사람은 긴장될 때 무의식중에 손톱을 뜯거나 손끝을 짓누르고, 혹은 머리카락을 잡아당겼대요. 머릿속 피부를 후벼팠다는 사람도 있더라고요. 어떤 친구는 긴장만 하면 몸의 양쪽 균

형이 맞지 않는 느낌이 든대요. 그래서 왼쪽과 오른쪽 손에 번갈아가며 힘껏 힘을 주는데, 이걸 반복하다 보면 균형을 찾는다는 거예요.

이런 사람들은 비관주의자인 경우가 많아요. 주위 자극이나 불길한 신호에 아주 예민해요. 하지만 그런 사람들이 꼭 부정적으로 일을 처리하는 건 아니에요. 습관적으로 실패할 가능성을 먼저 떠올리기 때문에 '이 길이 통하지 않는' 상황을 피하려고 사전에 여러 갈래로 길을 찾아두거든요. 그러니까 비관주의가 꼭 나쁘진 않아요. 비관주의자 본인이, 혹은 그런 사람과 함께 지내는 게 몹시 피곤할 뿐이죠. 비관주의는 종종 유용한 경고 장치가 되기도 해요.

'계속 이렇게 가면 끝장이야!'

비관적인 성격이 되는 이유의 절반이 유전이라지만 나머지는 어린 시절 환상에 빠졌을 때의 두려움과 불안한 감정을 알아봐준 사람이 없었고, 충분히 위로받지 못했기 때문이에요. 어린 우리에게 이렇게 말해준 사람이 없었던 거예요.

"그런 환상 속 두려움은 다 가짜란다. 실제로는 없는 거야."

오히려 어른들은 화를 내거나 설교를 하면서 어른들의 싸움에 호기심을 보이는 우리를 막아서죠. 우리의 가장 순수한 두려움을 억누르면서요.

엄마, '자기 감정은 스스로 책임져야 한다'는 건 아주 일리 있는 말이에요. 하지만 그건 어디까지나 어른의 일리일 뿐, 아이들은 도무지 이해할 수 없는 말이더라고요.

어린 시절 이해할 수 없었던 것들은 어른이 된 뒤에도 떨쳐내지 못하고 스스로를 압박하는 자기 요구가 된대요. 어쩌면 이런 것들이 완벽주의를 만들어내는 걸지도 몰라요. 이해할 수 없는 일리에 집착하는 거잖아요. 그렇기 때문에 비관적인 사람은 종종 완벽을 요구하곤 해요. 또 완벽을 추구하는 사람은 외로움과 고통을 쉬이 느끼죠.

그런데 언젠가 친한 동료가 그러더라고요.

"힘든 일은 둘이 나눠 하면 절반이 되고, 좋은 일은 함께 하면 두 배가 된대."

엄마, 제 고통은 엄마와 나누면서 절반이 됐어요. 부디 저도 엄마가 느끼는 고통을 절반으로 덜어드릴 수 있으면 좋겠네요.

살다 보면 '이대로 가다간 끝장'이라는 생각이 들 때가 있죠. 그런데 누구에게나 이렇게 말해주는 사람이 주위에 한둘은 있게 마련이에요.

"끝장나면 어때? 옆에 내가 있잖아."

과학자들은 연구를 통해 이 요소를 '모성애'라고 표현했어요. 엄마나 저도 잘 알다시피, 어린 시절 엄마의 모성애를 충분히 얻지 못했다 해도 이 세상에는 아주 많은 종류의 사랑이 있어요. 🪶

# "이 세상에
# 나를 사랑하는 사람은 없어."

환상이 현실로 검증되지 않으면 마음속 악마가 된다


사랑하는 은은아.

네 말대로 세상에는 여러 종류의 사랑이 있지. 엄마와 아빠가 평생 싸우는 것도 일종의 사랑이고, 우리가 평생 싸우는 걸 네가 듣고 있는 것도 일종의 사랑이고, 우리 모녀가 이렇게 교환 일기을 쓰는 것 역시 사랑 아니겠니? 하지만 은은아, 세상에는 아무리 노력해도 사랑을 가질 수 없는 사람도 많이 있더라.

얼마 전 일인데, 퇴직한 동료가 찾아와 함께 밥을 먹었어. 근데 날더러 혼기 꽉 찬 동료의 중매쟁이 노릇을 하자고 하더구나. 생김새도 말끔하고 대학원까지 나온 데다 말도 차분하게 해서 호감이 가는 여자가 있는데, 마흔이 다 되도록 적당한 짝이 없었거든. 마침 퇴직한 동료에게 조카가 있어 두 사람을 맺어주면 좋겠다고 생각한 거지. 나중에 두 사람을 소개하는 자리를 만들어 같이 밥을 먹었는데 분위기가 무르익을 때쯤 우리는 적당히 빠졌단다.

역시나 나이가 찬 남녀라 그런지 금세 가까워지더구나. 남자도 꽤 능력 있는 수재였고, 나란히 놓고 보니 참 잘 어울리더라. 나나 퇴직한 동료나 얼른 두 사람이 국수 좀 먹여주면 좋겠다고 생각했지. 어쨌거나 그래도 좋은 일 한 셈 아니냐.

그런데 며칠 전, 그렇게 선을 본 여자 동료가 우리를 찾아와 하소연을 하는 거야.

"아주머니, 죄송해요. 저 어쩌면 좋아요?"

두 사람이 사귄 지 얼마 되지 않아 한참 달콤하게 지낼 무렵이었는데 알고 보니 남자가 대단히 통제욕이 강하다는 거야. 어느 날엔가 여자가 저녁 8시까지 야근을 한다고 말하고서 시간 가는 줄 모르고 일에 빠져버렸대. 근데 나중에 휴대전화를 보니 문자와 부재 중 통화 기록이 100개도 넘게 와 있었다지 뭐니.

'아직 다 안 됐어요?'

'아직 안 끝났어요?'

'언제까지 하는 거예요?'

'정말 아직 안 끝난 거예요?'

'왜 이렇게 늦게 끝나요?'

'지금 뭐해요?'

'집에 갔어요?'

'○○씨를 찾을 수가 없네요.'

'끝나고 전화 줄래요?'

'아직도 안 끝난 거예요?'

…

여자가 받은 문자 메시지들을 보고 우리도 정말 깜짝 놀랐단다. 보기에는 그렇게 예의 바르더니 막상 가까워지니까 이렇게 스트레스를 준단 말이야? 하루 종일 사람을 감시하는 것 같잖니. 같이 중매에 나선 동료도 이 얘기를 듣고 낯빛이 하얗게 질릴 정도였단다. 그이도 조카가 그런 사람인지 몰랐던 거야. 아휴, 이래서 중매쟁이 노릇은 아무나 하는 게 아닌가보더라. 친척이니 아무 문제 없을 줄 알았을 텐데, 이제 어쩌면 좋단 말이냐?

"아주머니, 죄송해요. 제가 두 분께 이런 말씀 드리면 안 되는데, 저는 정말 무서워서…."

여자는 금방이라도 울 것처럼 고백을 하더구나. 전에도 비슷한 남자를 만나 힘든 일을 겪은 적이 있고, 큰 싸움을 거듭한 뒤에야 헤어질 수 있었다는 거야. 그 트라우마 때문에 늘 연애가 오래가지 못해 혼자일 때가 많았대. 정말 열심히 노력해도 결국 하늘이 정해놓은 운명은 거스를 수 없는 것 같다는 소리까지 하더라.

"아주머니, 신은 제가 누군가와 사랑을 하기에 어울리지 않는다고 생각하는 걸까요?"

은은아, 그 말을 듣고 있자니 엄마는 정말 가슴이 아팠단다. 무슨 말이라도 해주고 싶은데 적당한 위로를 찾을 수가 없었어. 🖋

사랑하는 엄마.

교환 일기를 쓴 지 어느새 반년이 넘었네요. 이젠 엄마도 제가 이야기하는 심리학의 공식을 예상하실 수 있을 거라 생각해요.

'이해하기 힘든 행동을 하는 성인은 아이로 여기고 행동 너머에 자리한 불안의 정체를 상상해야 한다. 그 사람의 내면에 있는 아이의 모습을 떠올려야 한다.'

그런 의미에서, 말씀하신 남자의 마음을 한번 상상해볼까요? 여자 친구가 곁에 없을 때 남자는 끊임없이 여자를 추적하며 따발총처럼 문자 메시지를 쏘아대죠. 마치 불안해 죽겠는 사람처럼요. 엄마, 사람들은 보통 이런 행동을 '통제'라고 해요. 하지만 통제광의 실상은 사실 '통제할 수 없을까봐' 두려운, '궤도를 벗어나는' 데 대한 강력한 환상 때문에 불안해하는 사람일 뿐이에요. 그들은 정해진 궤도를 벗어난 뒤 벌어질 나쁜 결과를 상상하면서 겁에 질려요. 자기가 두려워하는 결과의 진실 여부는 검증하지도 않은 채 환상에 사로잡혀 한없이 확대하다가 스스로를 억압하는 악마를 만들고 말죠. 말하자면 지나치게 안정감이 없다고 할까요? 제 생각에 그 남자의 불안감은 이 관계에서 처음 벌어진 일 같지는 않아요. 아마 이와 비슷한 사랑을 그 사람은 여러 번 겪었을 거예요.

문득 궁금해지네요. 이토록 강렬하고 무서운 환상이 대체 어디서 왔을까요. 모쪼록 이런 불안감이 제게는 찾아오지 않으면 좋겠는데 말예요. 정신분석학에서는 이걸 '초자아'라고 하는데, '양심'이 발전한 거라고 보면 좀 쉬울 거예요. 처음에는 일을 잘못해서 혼이 날까봐 두려워하는 정도의 양심이 과도하게 발전하면 '통제'로 변해요. 그러니까 '도덕'과 '실성'은 종이 한 장 차이인 셈이에요.

멜라니 클라인은 서너 살 정도 된 유아들에게서 이미 온전한 초자아를 보았대요. 이건 아주 어린아이가 부모의 이미지를 제 심리에 투사한 결과예요. 간단히 말해 부모는 수호신 같은 존재죠. 우리가 외부 사물과 마주하고 환상을 볼 때,

부모의 이미지가 뒤에서 이러쿵저러쿵 우리 행동이나 태도를 비판해요. 클라인은 이 어린아이들이 수호신을 어떻게 느끼는지를 밝혀냈어요. 그러니까 유아들은 수호신을 조금 큰 아동이나 성인보다 훨씬 공포스럽게 여긴다고 해요. 수호신이 곧 악마로 변하는 순간이죠. 그래서 아이들의 연약한 마음은 환상 속 악마에게 철저히 짓밟히곤 해요. 하지만 너무 어리기 때문에 감히 악마를 걷어차지도 못해요(말하자면 그 수호신이 곧 엄마와 아빠인데, 걷어차버리면 부모가 없어질지도 모르잖아요). 어쨌든 이 수호신과 오랫동안 함께하다 보면 나 자신과 경계가 모호해져요. 그러면 우리는 진짜 내 생각과 느낌을 구분하지 못하고 수호신의 눈으로 우리가 만나는 사람을 평가하기 시작하죠. 그래서인지 이렇게 원망하는 어른들을 많이 봤어요.

"빌어먹을, 안타깝게도 전 진짜 아버지(어머니)를 꼭 닮았어요."

그래요, 어느 날 문득 스스로 '내가 통제광인가?'라고 생각했다면 이건 십중팔구 부모님과 연관된 거예요. 그렇다고 해서 꼭 부모의 엄청난 통제 때문에 내면이 약해진 아이가 통제광으로 자라는 건 아니고요. 그보다는 부모가 줄곧 통제하고 있다는 '상상'이 우리를 점차 통제광으로 변화시키는 거죠. 아니, 실제로 우리가 통제형 부모 아래서 자랐다고 해도 마음속 환상의 본능이 이런 통제를 수십 배, 수백 배 확대시키는 경향이 있어요. 이게 바로 마음속 악마인 거예요, 엄마. 마음속 악마는 실상 우리 내면에서 일어나는 환상이에요.

사람들을 많이 만나면서 살펴보니 보통은 자기 마음속 악마에게서 벗어나기가 아주 어렵다고 생각하는 것 같아요. 일단 마음속 악마라는 존재를 발견하기가 쉽지 않고, 찾아낸다 해도 그 존재에게서 벗어날 수 있다는 믿음, 스스로 해낼 수 있다는 자신감이 부족하기도 하고요.

엄마, 하지만 제가 심리학을 공부하고 또 임상 경험을 하면서 얻은 결론은 좀 달라요. 실제로는 마음속 악마에게서 벗어나는 게 그리 어려운 일이 아니예요. 용감하게 내면세계의 무서운 환상을 끄집어내 현실 생활에서 검증해보면 그 환상이 절대 실재가 되지 않는다는 걸 금방 알게 되거든요. 그래요, 사람들은 흔히들 가장 최악의 상황을 생각하잖아요.

어떤 사람은 제 결론에 코웃음을 칠지도 모르죠.

'흐흥, 통제광이 그렇게 이성적으로 환상을 현실로 검증

할 수 있을까? 냉정하지 못하니 통제광이 되는 거고, 통제광이 냉정해질 수 있다면 주변 사람이 통제당하면서 고통받을 일도 없겠지.'

하지만 관찰해본 결과, 통제당하는 사람 역시 그리 냉정하지 않아요. 그래서 통제의 악순환에서 함께 고통에 빠져드는 거죠.

아, 통제당하는 사람이 잘못했다는 뜻이 아니에요. 'A는 B와 같다'는 불안 법칙에 따라 우리가 간혹 무의식적으로 상황을 비약하는 경향이 있다는 얘기예요. 예를 들어 통제광인 남자를 알게 됐다고 해봐요. 분명 무의식적으로 내 가족 안에서 강압적이고 권위적인 아버지를 연상할 거예요. 이 남자를 놓지 못하고 불안해하는 이유예요. 기억하세요? 지난번 이야기한 '동일시'로 인한 불안이에요.

이런 불안은 희한하게도 마치 월하노인의 붉은 실처럼 심리적으로 비슷한 문제를 겪는 남녀를 끌어당겨요. 같은 고민에 민감하기 때문에 비슷한 사람끼리 끌리는 거죠. 두 사람이 서로를 알아보는 건 벗어날 수 없는 고통 때문이에요. 그러니 양쪽 모두 쉽게 냉정할 수 없고 환상이 현실이 아니란 사실을 검증하기가 어려워요.

엄마, 어차피 우리는 제삼자니까 관찰자 입장에서 그 남자의 통제 언어를 번역해보죠. '아직 다 안 됐어요?', '아직 안 끝났어요?', '정말 아직 안 끝난 거예요?', 이 말들은 기다림의 불안을 표현한 거죠. '언제까지 하는 거예요?', '왜 이렇게 늦게 끝나요?', '지금 뭐해요?', 이건 여자 친구가 약속한 8시에 집에 가지 않아 '궤도에서 벗어났다'는 데 화가 났다는 뜻이고요. '집에 갔어요?', '도무지 ○○씨를 찾을 수가 없네요', 이건 여자 친구를 걱정하는 말 같지만 마음속에선 궤도를 벗어난 상황 때문에 어떤 환상이 시작됐다는 뜻이에요. '끝나고 전화 줄래요?', '아직도 안 끝난 거예요?', 여기엔 불안과 걱정이 불일치하면서 뒤섞여 있어요. 걱정하면서도 화가 나는 모순 때문에 화가 난 거랄까요?

엄마, 사람이 항상 일관된 방식으로 화를 낸다면 상대가 화가 났을 때 어떻게 대응할지도 쉽게 예측할 수 있을 텐데요. 마찬가지로 어떤 사람이 일관되게 나약함을 표출한다면 그 나약함을 어떻게 위로할지도 쉽게 알겠죠. 그런데 '공포스러운 연인'이라는 건 그 사람의 표현에 '화'와 '나약함' 등 불일치하는 정보가 뒤섞여 상대로 하여금 어떻게 대응할지 모르게 만든다는 의미예요.

엄마, 어쩌면 그 여자는 두려운 남자에게서 벗어나기보다, 남자가 자기 기분이나 상태를 논리적으로 명확하게 표현해주길 바랄 거예요. 그래야 상대의 화나 나약함, 심지어 나를 미치게 하는 모순까지 계속 이해할 것인지 말 것인지 결정할 테니까요.

아는 사람 중에도 '숨 막혀 죽을 것처럼' 사랑하는 커플이 있는데요. 그들은 통제당하는 고통 속에 머물면서도 상대를 얼마나 깊이 사랑하는지 스스로 알고 있더라고요. 그렇기 때문에 상대의 통제 행동 너머에 똬리 튼 심리가 무엇인지 알아내 '선을 지키'면서 연인을 대해요. 이를테면 이런 식이죠.

"미안해, 내가 약속 시간을 어겼네. 당신이 얼마나 걱정할지 잘 알아. 근데 난 당신이 시간을 좀 주면 좋겠어. 내가 일을 빨리 끝마치게 말이야."

또 어떤 사람들은 끊임없이 조율해 사이좋게 지낼 수 있는 규칙을 만들기도 해요.

"당신의 불안을 이해하니까, 내가 바빠서 약속을 놓칠 때는 적당한 선에서 당신이 먼저 연락해 알려주면 어떨까."

엄마, 통제당하는 여러 당사자가 저한테 이렇게 물어요.

"사랑이란 걸 이렇게 피곤하게 해야 되는 걸까요? 무엇 때문에 그렇게까지 타협해야 하죠?"

사람들은 종종 '사랑'을 과도한 기준으로 대하는 것 같아요. '사랑'이라 하면 반드시 자유롭게 '받고' 또 '받아들여져야' 한다고 오해하죠. 하지만 심리학자로 살면서 제가 배운 '사랑'은 '희생하'고 또 '희생당하'는 능력이에요. 여기서 '희생'은 '기꺼이 원하는 것'이고, '희생당하'는 건 '감사'를 말해요. '기꺼이 원하는 것'과 '감사'의 주도권은 내 손에 있는 거예요. 그리고 이것들은 기다린다고 오는 게 아니라 조금씩 배워나는 거고요. 그렇기에 심리학자로서 이야기할 수 있어요. 엄마가 그 여자분에게 넌지시 이야기해주세요. 누구나 사랑을 가질 수 있고, 사랑을 갖기 적합한 사람이 될 수도 있다고요. 🍃

## "내 진짜 모습을 보고 싶지 않아."

남의 문제 안에 머물면 나 자신을 마주할 필요가 없다

사랑하는 은은아.

지난번 네 글을 보고 엄마는 마치 심리학자라도 된 것마냥 주인공 여자를 불러내 커피를 마시며 '상담'을 해줬단다. 이런 게 중매쟁이의 고충이겠지? 결혼이나 애 낳는 것이라면 차라리 나으련만, 감정 문제까지 보장해야 하다니… 나 원.

아무튼 커피를 마시면서 그이는 또 눈물을 보였단다. 네 말처럼 그 친구의 아버지는 굉장히 엄하고 가부장적이더구나. 특히 딸의 연애에 심하게 엄격하대. 아버지에게서 벗어나고 싶어도 어떻게 하면 좋을지 모르겠다더라. 그런데 기껏 만난 남자 친구란 놈도 꼭 아빠처럼 일일이 따라다니며 숨도 못 쉬게 하니….

　근데 그 사람 말이, 남자 친구에게서 도망치고 싶으면서도 그런 치명적인 매력에서 벗어날 수 없다더구나. 어찌 보면 자기가 통제당하는 걸 즐기는 게 아닌가 싶대.

　"너무 끔찍해요."

　자기 입으로 그러더라.

　아휴, 중매쟁이 노릇을 한 나까지 함께 울고 싶어졌단다.

사랑하는 엄마.

반년 넘게 교환 일기를 주고받으면서 제가 뭘 느꼈을까요! 하하, 엄마가 점점 유머러스해진다는 느낌이 들어요. 어쩜, 제가 알던 엄마와 이렇게나 다르다니!

하하, 농담이에요. 이젠 누구보다 잘 알고 있어요, 어린 시절 엄마를 지나치게 무서워한 건 제 환상이었을지도 모른다는 걸요. 엄마가 아주 다정한 엄마는 아니었지만, 그렇다고 해서 제 상상처럼 저를 이해하려는 마음조차 없는 냉혈한은 아니었어요(어휴, 이 말은 정말 예의가 없네요, 예의가 없어!).

아무튼 엄마, 중매쟁이로 나서신 덕에 '현실 검증'이 얼마나 중요한지 확실히 아셨겠네요?

엄마가 말한 여자 이야기로 돌아가보자고요. 혹시 여자가 이번에 보인 눈물이 전과 다르다고 느끼지 않으셨어요? 예전에는 늘 '어쩔 줄 몰라' 눈물을 흘렸죠. 하지만 지금 그분은 '어째서 그런지 이유를 알기 때문에' 우는 거예요.

정신분석학 분야에 전해 내려오는 우스갯소리가 생각나요. 바닷가에서 노상 방뇨하던 아저씨가 풍기문란죄로 잡혀가 정신분석을 받게 됐죠. 그로부터 2년 뒤, 아저씨는 여전히 해변에서 소변을 보고 있었어요. 다시 붙잡은 경찰이 이해할 수 없다는 듯 물었죠.

"정신분석도 소용이 없었습니까? 어째서 똑같은 잘못을 또 저지른 거요?"

남자가 말했어요.

"정신분석은 아주 쓸모 있었죠! 2년 전에는 내가 왜 바닷가에서 오줌을 누는지 몰랐어요. 근데 지금은 왜 그러는지 이유를 알고 누거든요!"

그럴 듯하게 말하자면 스스로 깨닫기 시작한 사람에게 '이유를 아는' 고통은 '어떻게 하면 좋을지 모르는' 고통보다 단수가 훨씬 높은 거예요. 어쩌면 여자는 이미 깨닫기 시작했을지 몰라요. 통제가 난무하는 관계에서 통제당하는 사람도 때로는 책임을 져야 한다는 걸요.

제 경험에 비춰볼 때 통제광들은 그런 욕구를 가중시키는 사람을 만났을 때 더 폭주해요. 그리고 이 관계에서 그 상대에 있는 사람, 그러니까 통제당하는 쪽을 저는 '회피' 특성이 있다고 하는데요. 끊임없이 상대를 통제하려는 사람과 끊임없이 회피하려는 사람이 만나면 아주 끝장나는 거죠. 이 둘이 만나는 경우는 꽤 흔해요. 통제하려는 사람은 어떻게든 상대를 옭아매려 하고, 회피하려는 사람은 어떻게든 숨으려 하죠. 한 사람은 앞에서 정확히 말하기를 원하는데 한 사람은 정확히 말하려들지 않아요(혹은 두려워해요). 이런 게임이 사람을 힘들게 만들고 위험하다는 것쯤은 누구나 알고 있어요. 하지만 일단 발을 들인 상황에서는, 하루라도 빨리 몸을 빼지 않으면 숨통이 끊어질 지경이 돼야 관계가 끝이 나고 결국 너덜너덜한 상처가 남죠.

엄마, 전 오래 공부하면서 이제야 그 너머의 심리가 뭔지 알기 시작했어요. 이미 많은 사람이 실패했는데도 불구덩이에 뛰어드는 건 자기가 상대를 바꿀 수 있다고 믿기 때문이기도 하고, 또 한편으론 누군가에 의해 스스로 바뀌는 기회를 얻고 싶어서이기도 해요.

상처를 치유받고 싶은 건 모두의 본능이에요.

아마 엄마의 동료도 이런 통제 행동에 대해 깊이 느끼는 바가 있을 거예요. 협박당하는 사람이 간절히 상대를 막고 싶으면서도 정작 상대에게 진심을 말하지 못하는 것처럼요. 제가 듣기로는 감정적인 협박을 당하는 사람들 가운데 상당수가 기분을 입 밖으로 꺼내지 못한다고 하더라고요. 다른 사람을 배려하느라, 자기의 진짜 기분이 상대를 다치게 할까 봐 두려운 거죠. 단도직입적으로 말하자면, 사실은 무의식중에 진실한 제 모습을 남에게 드러내고 싶지 않은 거예요. 나쁜 사람이 되고 싶지도 않고, 나빠질 용기도 부족한 거죠.

왜 그럴까요? 심지어 날씨도 맑은 날이 있으면 구름 끼거나 비가 오는 날도 있는데요. 당연히 기분이나 생각도 좋을 때가 있고 나쁠 때도 있지 않겠어요? 학자들도 '성악설'과 '성선설'을 놓고 여전히 이론이 분분하잖아요. 이런 마당에 우리가 꼭 스스로 '나쁜 면'을 엄격하게 비판하거나 반드시 어떠해야 한다고 요구할 필요가 있을까요?

심리학자들은 어머니의 사랑이 사람이 가장 처음 느끼는 '삶의 아름다움'의 원천이라는 데 동의해요. 생각해보세요, 엄마. 난생처음 누군가에게 사랑과 욕구를 느낄 때, 그건 한 번도 가본 적 없는 산 정상에 올라 처음으로 아름다운 풍경을 접하는 것과 같아요. 그 산꼭대기에 선다면 누구라도 숨

한 모금마저 조심스러워질 거예요. 숨을 천천히 쉬면 시간도 천천히 가는 것 같고, 피부 세포 하나하나가 감격해 그 아름다움을 느끼는 것만 같잖아요. 누구나 이와 비슷한 경험을 한 번쯤 하죠. 가진 걸 모두 내줘도 쉽게 손에 넣을 수 없는 아름다움을 갖고 싶어지게 만드는, 뭔가에 홀리는 경험요.

저는 우리가 어릴 때 엄마를 사랑하면서 느끼는 기분도 이것과 같다고 여겨요. 이런 욕구가 긍정적인 반응을 얻으면 아기는 기꺼이 온 마음으로 엄마를 칭송하겠죠. 하지만 엄마의 반응이 기대에 못 미치거나 냉랭하면? 논리가 부족하거나 무섭기까지 하다면?

멜라니 클라인은 이렇게 이야기했어요. 원하는 사람에게서 '아름다움'을 확신할 수 없게 되면 무의식중에 상대가 언제든 '나쁜 사람'이 될 수 있다는 두려움을 느낀다고요. 보통은 상황이 엉망진창이 되지 않도록 그 불안정한 아름다움에 '협조'하거나 '유지'하려고 최선을 다해요. 자칫 잘못해서 아름다움이 엉망이 되지 않도록 말이에요.

그럼 마음속에 생긴 적의는 어떻게 하죠? 우리 인성의 어두운 면들은 어디에 둬야 할까요? 이따금 끓어오르게 마련인 세상에 대한 불만은 누구에게 호소하면 좋을까요? 아주 오랫동안 깊은 곳에 감춰온 그 기분은 입구 막힌 쥐구멍 속 쥐처럼 굴에 갇혀 있어요. 사람들은 윽박지르죠.

"나오지 마!"

그렇게 불만을 감추고 자기에게 그런 어두운 면이 있다는 것마저 잊어버려요.

엄마의 그 여자 동료도 그러려고 애쓰는 사람이 아닐까요? 물론 꼭 정확한 가설은 아니에요. 그렇지만 어쩌면 여자는 통제당하는 게 좋아서라기보다는 그걸 핑계 삼아 통제하고 싶은 자기의 욕망을 억누르는 게 아닐까요?

어쨌든 본성을 숨기려고 과하게 애쓰는 사람은 참 피곤할 거예요. 제 생각에 이건 사랑의 '배려'이자 사랑을 두려워하는 '도피'인 것 같아요. 다른 사람의 문제 안에 머물러 지내면 자기 마음속 욕망을 정면으로 마주하는 모험을 할 필요가 없으니까요. 🖋

그래, 어쩌면 이 세상에는

내가 바라는 대로 나를 사랑해줄 사람이

영원히 없을지도 몰라.


그렇다면

어째서 지금부터라도 바라는 것처럼

스스로 나를 사랑하지 않는 걸까?

# 4 상실을 진심으로 애도할 때
# 비로소 자아가 안정된다

언제쯤 나는 내게 연민을 느낄까?

성인이 느끼는 불안의 핵심으로 돌아와보자. 심리학자는 개인 입장과 학자 입장을 오가며 골똘히 생각했다. 그리고 사람들의 심리적 고통과 몸부림을 해결하려면 결국 '진실을 마주하'지 않으면 안 된다는 사실을 깨달았다. '진실로 자신과 마주하'는 건 사실 지극히 간단한 일이다. 하지만 우리가 행복하지 않은 이유는 '현실을 마주할' 용기가 모자라기 때문이다. 심리학 방식으로 말하자면 '애도'할 용기가 부족한 것이다.

# 그래, 나는 지친 거야

사랑하는 엄마.

오늘이 우리가 교환 일기를 쓴 지 딱 365번째 날이네요.

그동안 저는 제가 어린 시절 일들을 거의 기억하지 못한다고 생각했어요. 기억나는 거라고는 가족들의 싸움 같은 게 대부분이었거든요. 아름답고 평온한 시절은 지우개로 지운 것처럼 조각조각 흩어진 채로 남아 있었어요.

전 종종 자문해요.

'난 대체 어떤 어린 시절을 보낸 거지?'

'어릴 때 나는 귀여운 아이였을까?'

'내가 힘들 때 엄마는 뭐라고 하셨더라?'

'만약 내가 학교에서 친구와 기분 나쁜 일이 있었다고 말했다면 엄마 아빠는 나를 안고 달래주셨을까?'

한때는 기억을 떠올리려 애를 쓰기도 했지만 기억상실증에 걸린 것처럼 하나도 생각나지 않았어요. 마치 누군가가 제 기억을 가져간 듯이, 그렇게 저는 분노로 가득 차 있었고 공허했어요. 대체 누가 제게 이런 짓을 했을까요? 그 누군가는 제 기억을 갖고 어디로 간 거죠?

혼자서 이런 질문을 던지다 보면 마치 마음속에서 아름다운 모든 것이 깡그리 사라진 것 같은 느낌이 들어요. 그래서 사람들은 다른 아름다운 것을 만들어내려고 그렇게들 노력하나봐요. 공허를 채우고, 불완전하나마 자신을 되찾으려고요. 이렇게 해봐야 아무 소용없는 것 같지만요.

그래서였을까, 식구들이 모두 잠든 밤 혼자 앉아 있노라면 종종 지쳤다는 생각을 떨칠 수가 없었어요. 무엇 때문에 그렇게 아등바등 살았는지도 알 수 없었고요. 도대체 왜 바빠야 하는지도 몰랐죠. 제가 가진 게 뭔지 점검하고 싶었지만 정말 아무것도 없는 것 같았어요. 끝없이 외롭게 만들 뿐인 알량한 명예와 이익, 허울뿐인 그런 이름 외에는 말이에요.

엄마, 엄마도 제가 좀처럼 이런 의기소침한 말을 하지 않는다는 걸 아실 거예요. 하지만 1년 동안 엄마와 허심탄회하게 이야기를 나눈 덕에 저는 이렇게 용기를 내 이 자리에 앉게 됐어요. 꼭 어린아이처럼, 이제야 엄마에게 투정을 부리는 거예요.

"전 너무 지쳤어요!"

맞아요, 엄마. 저는 많이 지쳤어요. 스스로를 옥죄는 기대와 함께 환상 속 저에 대한 다른 사람들의 기대를 짊어지고 한 걸음 한 걸음 발을 옮기면서, 결승점까지 얼마나 남았는지만 생각했어요. 우습지 뭐예요. 결승점이란 게 있긴 한 건지, 어디 있는지, 그걸 누가 알겠어요? 그렇게 이 산 넘어 저 산으로 달팽이보다 더 더디게, 유성처럼 방향도 없이 어딘가를 향해 기어올랐죠.

엄마, 그러던 중에 공부를 하면서 정신이 번쩍 들었어요. 멜라니 클라인이 마지막으로 연구한 '외로움'에 관한 이론을 다시 읽게 됐거든요.

외로움은 과연 뭘까요? 클라인은 진정한 외로움이란 '아무도 곁에 없는 듯한 느낌'이 아니라, '내 곁에 누군가 있고 사랑을 줘도 여전히 혼자인 것 같은 느낌'이라고 하더라고요.

이유는 두 가지래요. 하나는 완벽을 원하지만 어떻게 해도 얻을 수 없는 우리의 내적 갈증 상태 때문이고요. 두 번째는 우리가 자꾸만 스스로를 한 가지 유형으로 짜맞추려 들기 때문이죠. 나의 좋은 것, 나쁜 것, 잃어버린 것을 전부 외부 어딘가에 두고 타인에게 투사된 조각을 끌어모으면서 말이에요.

말년에 클라인은 이런 말을 했어요.

이는 평생에 걸친 제비뽑기다. 아무리 노력해도 모자란데 없이 온전한 자신은 찾을 수 없다. 스스로 완벽하다고 여기는 상태에는 영원히 이르지 못한다.

사람은 외롭다는 느낌에서 영영 벗어날 수 없다는 말이죠. 무엇보다 속상했던 건 클라인이 우리의 믿음에 충격을 주려고 저런 말을 한 게 아니라, 저것이 학자로서 평생을 바쳐 연구하고 찾아낸 결과라는 사실이었어요. 이 위대한 심리학자는 말하고 있었어요.

완벽하지 않고 온전하지 않은 것이야말로 우리가 삶에서 반드시 마주해야 하는 현실이다.

엄마, 이 말에 전 얼마나 비참해졌는지 몰라요. 너무 슬퍼서 울어버렸을 정도예요. 40년 가까이 뭔지도 모르는 짐을 짊어지고 어둠 속에서 빛이 찾아들기만을 기다렸어요. 그런데 실상은 어둠뿐이라니, 누가 알았겠어요? 그렇다면 신이 우리를 세상에 보내놓고는 얻을 수도 없는 마음을 찾으라며 괴롭힌 셈이잖아요. 뭐랄까, 사막에서 사흘 밤낮을 걸어 어렵사리 오아시스를 발견했는데 다가가보니 아무것도 없더라는, 모든 게 신기루였다는 걸 알게 된 기분이었달까요.

그럴 때 엄마라면 어떻게 하시겠어요? 다시 사흘 밤낮을 걸어 새로운 오아시스를 찾아야 할까요? 아니면 하늘에 삿대질이라도 하며 신을 원망할까요? 아마 지금의 저라면 가만히 자리에 앉아 우선 저 자신을 다독일 것 같아요.

"고생했다. 정말 고생했어. 지금까지 고생 많았어. 천신만고 끝에 찾아낸 게 신기루였다 해도 그건 절대 네 잘못이 아니야."

이렇게요.

이게 우리 현실이잖아요. 현실이 가혹한 건 인생이 원래 이런 것이기 때문인걸요. 🖋

사랑하는 은은아.

10년만 지나면 엄마 나이가 멜라니 클라인이 세상을 떠난 나이가 되겠구나.

어릴 때는 마당에서 키우던 토끼가 죽어도 온 세상이 떠나가라 울었지. 한 생명이 내 앞에서 생기를 잃고 사라지는 걸 똑바로 쳐다볼 수조차 없었어. 하지만 중학생쯤 되었을까, 집안일을 도울 만큼 크고 나니 아무렇지 않게 닭도 잡게 되더구나. 펄떡펄떡 뛰던 생선이 눈앞에서 탁탁 잘려나가도 아무 느낌 없었지. 나는 그렇게 내가 자라고 있다는 걸 느꼈단다.

하지만 그저 자라기만 한다고 인생살이가 수월해지는 건 아닌가보더라. 내 생각에 무엇보다 중요한 건 '성숙'이야. 첫사랑과 헤어진 날엔 세상이 끝난 것 같아서 더는 살고 싶지 않을 지경이었지. 하지만 나중에 너와 네 동생을 낳고 보니 세상에 너희를 잃는 것처럼 겁나는 게 없었어. 너희를 위해서라면 바퀴벌레도, 쥐도 겁나지 않았어. 커다란 거미도 맨손으로 때려잡았지. 한번은 네 동생이 한밤중에 42도까지 열이 오른 적이 있는데, 집에는 엄마 혼자뿐이라 몸이 부들부들 떨리는데도 이를 악물고 등에는 너를 업고 품에는 네 동생을 안고 병원으로 달려갔다. 한참이 지나서야 네 아빠가 술에 잔뜩 취해 들어왔지만 엄마는 화가 나기보다 짠하니 마음이 아팠어. 그때 알았지. 내가 성숙해지고 있다는 걸 말이야.

은은아, 멜라니 클라인의 말이 참 옳다. 돌아보니 내 삶에 깊게 흔적을 남긴 건 한없이 기뻤던 순간들이 아니라, 그저 지나가기만을 기다리는 것조차 고통스럽던 순간들이더라. 아마 네가 이미 그런 순간들을 지나왔다는 사실에 너도 깜짝 놀랄지도 모르지. 다시 그때로 돌아가라고 하면 고개를 절레절레 흔들 거야. 지옥 같은 시간이었을 테니까. 하지만 시간이 흐르고 나면 꾸역꾸역 용기를 내 그 힘들고 고통스럽던 시기를 견뎌낸 나 자신에게 감탄하게 되더구나.

은은아, 네 덕에 엄마도 다시 한 번 깨달았다. 우리는 스스로 가여워해야 해. 그토록 용감하게 높은 산을 넘고 거친 강을 건너 치열한 전투를 치러내며 여기까지 오느라 얼마나 힘들었니. 지치는 게 당연하지.

　은은아, 정말 고생했다. 이 엄마도 정말 고생했고. 🖋

# 죄책감을 버리면
# 상실이란 그저 아쉬움일 뿐

사랑하는 엄마.

'내가 가여워' 흘리는 눈물과 '슬퍼서' 흘리는 눈물은 다르더라고요. 차이가 뭔지 전 어제야 비로소 깨달았어요.

얼마 전 제게 아주 중요한 일이 있었어요. 한참 고민한 끝에 결심을 하고 연구 지원서를 제출했는데요. 제 입장에서는 학자로서 장차 나아갈 인생 항로를 정하고 첫발을 내딛는 것이었어요. 결코 쉽지 않은 결정이었죠. 포기해야 하는 게 많았거든요. 하지만 긴 시간 심사숙고하면서 마음의 소리에 귀를 기울였고, 그럴 만한 가치가 있다고 확신하게 되었어요.

지원서에 채워 넣어야 할 내용이 꽤 복잡해 머리를 써야 했는데요. 하필이면 요즘 일이 너무 바빠서 접수 마감일이 되도록 빈 서류만 붙잡고 있었죠. 정신없이 일하다가도 지원서의 빈칸을 떠올리고, 틈만 나면 고민하고 또 고민하면서 서류를 채웠어요.

드디어 접수 마감 날 저녁, 내용을 확정해 제출하려는 순간이었어요. 그런데 맙소사, 공고를 열어보니 위쪽에 제가 미처 보지 못한 구절이 있는 거예요. '오후 5시까지'라고 시간이 적혀 있지 뭐예요. 겨우 몇 시간 차이로 그토록 열심히 준비한 지원서 제출 기한을 넘겨버린 거예요.

몸도 머리도 얼어붙는 것 같았죠. 잠깐 동안 아무 생각도 할 수가 없었어요. 그래도 전 용기를 내 지원서를 발송했어요. 그리고 오늘 답장을 받았는데, 역시나 서류를 늦게 제출한 탓에 신청이 받아들여지지 않았다는 내용이더라고요.

예상하고 있었는데도 충격에 가슴이 아팠어요. 아뇨, 단순히 심한 충격이 아니라 하늘에서 운석이 머리로 내리꽂힌 느낌이랄까요? 머리가 텅 빈 것 같고 귓가에서 뭔가 무너져 내리는 소리가 들리더니 가슴이 아파왔어요.

다시 메일을 써 해명해볼까 했지만 제 어리석음만 책망하게 될 뿐이었어요. 남 탓을 할 수도 없고, 실망에서 비롯된 죄책감이 불쑥 튀어나오면서 나 자신을 원망할 수밖에 없다고 후회를 했죠. 머릿속에서는 저절로 환상이 시작됐고, 사람들이 이렇게 어리석은 저를 얼마나 비웃을까 싶어 걱정했어요. 대충대충 사는 사람으로 본다 해도 할 말이 없는 거잖아요.

가슴이 아픈 이유를 알 것 같았어요. 사라져버린 아름다운 꿈, 남에게 손가락질 받으리란 망상, 저는 그 사이에 끼어 숨조차 쉬기 힘들 정도로 슬퍼진 거예요.

그런데 오늘 오후에 뜻밖의 전화를 받았어요. 지원서 접수 담당자였는데요, 신청서 처리 과정을 설명하면서 이렇게 말하더라고요.

"정말 안타깝습니다. 단순히 기한 문제였는데 이미 그렇게 공고한 거라서 어쩔 수가 없었어요."

그때 전 혼자 커피숍에 앉아 있었는데 전화를 끊는 동시에 후두둑 눈물을 쏟고 말았어요. 도무지 제어가 되지 않고 무작정 눈물이 쏟아지더라고요. 엄마, 저는 그제야 이 통화가 얼마나 의미가 큰지 그 중요성을 깨달았어요. 고맙게도 위로를 받은 거예요. '정말로 잃고 말았다'는 사실을 스스로 인정할 수 있게 됐거든요.

그래요, 전 진짜로 잃은 거예요. 그동안 노력을 많이 했든 안 했든, 미리 알았다면 후회가 남지 않았을 헛수고를 사람이라면 누구나 저지르게 마련이에요. 그런데 저는 어리석은 저를 받아들이지 않았고, 남들도 이런 저를 좋아하지 않을 거란 망상에 빠져 있었어요. 마음속에서 어떤 존재를 억지로 잡아 떼어내서는 채찍질하고 질책했어요. 심지어는 누군지도 모를 그 존재를 위협해 멀리 유배라도 보내려 했죠. 엄마, 클라인은 이런 상태를 '분열'이라고 했어요. 우리는 익숙하게 '나쁜' 단면을 쫓아내 '좋은' 쪽이 상처받지 않도록 보호하곤 해요. 자기 자신에게도, 타인에게도 늘 그런 식이죠. 그렇기 때문에 일이 뜻대로 되지 않으면 울어버릴 수 있어요. 아주 큰 '슬픔'의 눈물이에요.

하지만 상대가 걸어준 전화 한 통에 제 마음이 달라졌어요. 있잖아요, 엄마, 저 너머에서 들려온 말은 평범한 한마디였어요.

"정말 안타깝습니다."

그 짧은 말이 제 마음의 소리를 대신한 거예요. 그래요, '정말 안타까운' 그 느낌, 전 안타깝게 이번 기회를 놓친 것뿐이에요. 누가 힐난하는 것도 아니고, 무시무시한 일이 일어날 리도 없어요. 우울한 환상을 품거나 걱정할 필요 따위는 없는 거라고요. 그 담당자가 이런 말도 해줬어요.

"마음이 많이 안 좋으시겠어요."

아아, 엄마, 제 마음을 다 안다는 그 말을 듣고도 저는 멋쩍은 나머지 고맙다는 말을 못 했지 뭐예요. 하지만 진심으로 고마웠어요. 클라인은 이런 따뜻한 관계를 경험하면서 내면에 아름다운 이미지를 담아둘 수 있다고 했거든요.

그런데 전 왜 그 전화를 끊고도 계속 운 걸까요?

그게 이해가 되지 않았어요. 하염없이 쏟아지던 눈물은 슬플 때의 눈물과는 확연히 달랐는데, 어째서 멈추지 않았을까요?

그래서 글을 쓰기 시작했어요. 이 일을 처음부터 끝까지 다 적었죠. 쓰면 쓸수록 일의 전후가 분명해지고 기억도 또렷해졌어요. 반면에 눈은 흐릿해졌어요. 다 쓰고야 깨달았어요. 다름 아닌 제 자신에 대한 연민이었다는 걸요.

'연민'은 타인의 '공감' 그리고 '이해'와 함께 와요. 불필요한 죄책감을 벗고 드디어 제 자신을 아껴야겠다고 마음먹었죠.

전 마감 기한을 알면서도 방만하게 시간을 끈 게 아니라 너무 바빴을 뿐이에요. 마지막 날까지 미룰 생각은 전혀 없었어요. 잠깐씩 한가해질 때가 있긴 했지만 너무 피곤했던 거예요. 스스로 정해둔 기준에 맞춰 사느라고, 저 자신을 만족시키는 사람이 되려고 아등바등했어요.

제가 운 건 슬퍼서가 아니라 제 자신을 아껴서였어요.

나를 위해 흐르는 눈물에 호흡이 점차 길어지더라고요, 엄마. 마치 기나긴 은하를 깊이 들이마셔 몸을 가득 채운 무한한 별을 아쉬운 듯 토해 세상에 되돌려놓는 것처럼요. '하나, 둘, 셋, 넷, 다섯, 여섯…' 이렇게 들이마시고, '하나, 둘, 셋, 넷, 다섯, 여섯…' 이렇게 다시 별빛을 내쉬는 거죠.

어쩌면 우리는 오래지 않아 제대로 숨 쉬는 자유로움마저 잊어버릴지도 몰라요. 자료에 따르면 아기 때의 호흡이 모두 이렇게 길다고 하네요. ✒

사랑하는 은은아.

네가 잃어버린 기회와 상실감을 하소연하니 엄마도 저절로 눈물이 흐르는구나.

네가 말하는 민감함이 뭔지 알 것 같다. 그동안 나는 네가 그렇게 민감한 아이인 줄 모르고 살았어. 네게 필요한 건 공감하는 말 한마디면 되는 거였는데. 너를 딱하게 여기고 함께 마음 아파하는 사람이 있다는 걸 느끼게 해줄 수 있었는데… 많이 반성하게 되는구나. 어려서부터 그렇게 해주지 못해서 말이야.

은은아, 엄마의 죄책감이란 건 자식이 느끼는 가책보다 훨씬 크게 마련이잖니. 이렇게 너의 고통스런 마음을 듣고 있자니 당장 너를 위해 뭐라도 해야 하는 게 아닌가 싶은 생각이 계속 든단다.

엄마도 분명 너를 아끼는데 어째서 네가 그렇게 간절하게 바란 그 공감의 말 한마디를 못 했을까? 이게 나의 한계이고 장애인 걸까? 🍃

## 안정을 찾아주는 애도,
## 그 길에 필요한 용기

사랑하는 엄마.

교환 일기를 쓰기 전이었다면 아마도 전 엄마의 마지막 물음에 원망스럽게 답했을 거예요.

"그래요, 어째서 엄마는 제게 공감해주지 않으셨어요?"

하지만 저도 생각이 달라졌어요.

전에 「고독에 관하여」란 글을 말씀드린 적이 있죠? 클라인의 여러 저작 중에서도 인생의 처연한 아름다움을 가장 잘 표현한 좋은 글이에요. 특히 엄마와 아기의 관계를 잘 그렸죠.

어머니와 아기의 초기 관계란 두 사람의 잠재의식상 친밀한 접촉을 뜻하며 이해받는 경험의 기초가 된다.

여기서 어머니는 '젖가슴' 혹은 젖가슴을 대신하는 '젖병'으로 상징돼요. 아기가 충분히 만족스럽게 젖을 빨면 어머니의 불안이 해소되고, 어머니는 아기에게 젖을 먹이면서 긍정적인 수유 경험을 쌓아가죠. 아기가 즐겁게 먹으면 어머니도 즐겁게 젖을 주고, 이렇게 즐겁게 젖을 먹인 어머니는 아기가 계속 즐겁게 먹게끔 해요. 어머니와 아기 사이에서 일어나는 긍정적인 순환 작용인데 서로 상당한 책임을 지는 거예요.

물론 젖먹이가 '책임'이란 거창한 말을 이해할 리는 없겠죠. 그래서 심리학자들은 어머니가 더 많은 걸 감당해야 한다고, 더 큰 부분을 책임져야 한다고 말해요. 클라인은 성말 강인한 여성이었나봐요. 본인도 어머니와 관계가 그리 좋지 않았는데 어머니에 대해 나쁘게 말하는 글은 본 적이 없거든요. 항상 아이 입장에서 어머니에게 기대지 않아도 되는 길을 찾으려고 애썼어요.

공부를 하면서 전 그런 관점에 깊이 동의하게 됐어요. 삶이 결국 고난을 극복해나가는 과정이라면, 어떤 부모를 만나든 모든 것은 우리의 인성을 형성해주는 장치였던 거예요. 여기엔 좋은 면도, 나쁜 면도 있죠. 하지만 분명히 독특하고 값지게 여길 만한 가치가 있어요. 우리가 갖게 된 인성은 일종의 선물이고, 중요한 건 우리가 이 선물을 어떻게 잘 활용하느냐에 달려 있다는 거예요. 원하던 것을 갖지 못해 생긴 실망감을 온전히 애도해야 우리는 진심으로 스스로를 가엽게 여길 줄 알게 되고, 안정된 성숙함으로 나아갈 수 있어요. 그렇게 참된 애도로 성숙해지려면 세 가지 용기가 필요해요.

거절당할 용기
상처를 받아들일 용기
남의 장점을 볼 용기

가장 기본은 '거절당할 용기'예요. 대부분은 유년기에 크고 작은 거절을 겪으면서 그 기분에 어떻게 대응할지를 순조롭게 학습한다고 해요. 하지만 지나치게 관대하거나 지나치게 엄격한 환경에서 자란 사람은 거절당할 때 내 마음을 어떻게 처리할지를 온전히 익히기 어렵다고 하더라고요.

지나치게 관대한 부모는 아이가 힘들어하는 걸 가만히 두고 보지 못해요. 그래서 아이에게 문제가 생기면 자기도 모르는 사이에 개입해 아이의 '관계 면역력'을 약하게 만들어요. 언젠가 친구에게 따돌림당한 여고생을 만났는데요. 친구가 인터넷에 이 아이에 관해 안 좋은 말들을 써놓았더래요. '창녀', '부끄러운 줄도 몰라' 같은 말이었죠. 모욕적인 소식을 들은 부모는 딸을 위해 정의를 구현하겠다며 담임 선생에게 욕을 퍼붓고 나쁜 말을 한 학생을 고소하기에 이르렀어요. 딸을 모욕한 학생을 혼쭐내주겠다는 거였죠. 물론 상대 학생의 부모도 가만히 있지 않았어요. 학급을 온통 들쑤셔 왕따를 지시한 아이가 '짱'이란 걸 알아냈어요. 입장이 다른 두 부모는 상대방을 질책했죠.

　　저도 부모인 만큼 그런 부모들의 분노를 짐작할 수 있어요. 하지만 제삼자 입장에서 보면 관점이 완전히 달라져요. 정작 모욕을 당한 아이는 처음부터 끝까지 이 사건에서 감정 없는 인형으로 취급받은 게 아닌가 싶은 거죠. 부모가 대신 화를 내고 대신 욕할 때 아이는 별다른 반응을 보이지 않았어요. 전 이 아이가 과연 무슨 생각을 할지 깊이 생각해봤어요. 주위에서 벌어지는 혼란을 지켜보면서도 어째서 그토록 무감각해 보였을까요? 아이는 어쩌다 그렇게 모욕적인 곤경에 빠졌을까요? 아이는 부모가 자기 생활에 개입하는 걸 보며 뭘 느낄까요? 거세게 맞서는 부모들을 보며 정작 아이의 입장이 어떤지를 떠올리는 사람은 없는 것 같아 마음이 좋지 않더라고요.

아이가 학교에서 괴롭힘을 당한다는 사실을 알고서 행여 자식이 상처를 입을까봐 선생님께 몰래 돈을 건네며 부탁하는 부모도 있어요. 아이 이름으로 반 아이들에게 음료수라도 사주라고 말이에요. 하지만 아이들과 잘 지내라는 뜻으로 이런 '호의'를 행할 때도 아이의 의견을 먼저 묻는 부모는 거의 없는 것 같아요. 불편한 관계로 고통을 겪는 당사자는 분명 아이인데, 어른들이 그 사실을 착각하는 거예요.

저는 이런 사람들을 '지나치게 관대한' 부모라고 말해요. 물론 아이를 위해서 그러는 거죠. 하지만 '다 너를 위해, 얼른 상황이 좋아지라고 돕는 거야'라는 뜻이 너무 과하면 아이의 심리적 주권을 침범하게 돼요. 아이가 자기 처리 능력을 빼앗기면 '거절을 당해' 슬퍼할(혹은 다른 감정을 느껴볼) 기회를 잃는 거예요. 자연히 '거절을 당해' 슬퍼한 뒤 다시 명랑하게 회복되는 경험도 할 수 없죠.

엄마, '명랑'이라는 말은 보통 성격을 표현할 때 쓰잖아요? 활발하고 시원시원한 특징을 '명랑하다'고 하죠. 하지만 제가 생각하는 '명랑'은 마음에 내리깔렸던 안개가 걷혀 서광을 맞는 느낌을 말해요. 마치 비가 내리지 않으면 무지개를 볼 수 없고, 고통이 없으면 단단하게 거듭나는 경험을 할 수 없는 것처럼요. 아주 가혹한 인생 법칙인 동시에 조물주가 내려준 커다란 은혜이기도 해요.

그럼 '지나치게 엄격한' 부모는 어떨까요? 생각보다 이런 부모가 굉장히 흔하더라고요. 아이가 곤란한 일에 처하면 먼저 아이에게 스스로를 되돌아보라고 다그쳐요.

"네가 잘못한 게 있으니까 남들이 너한테 그렇게 하지!"

"너한테 문제가 있는데 발견하지 못한 거 아니니?"

상당히 일리 있는 태도죠. 덮어놓고 내 자식 편만 들어서는 곤란하니까요. 하지만 이런 태도에도 문제가 숨어 있어요. 아이가 부모의 뜻을 헤아릴 정도로 성숙하지 않았을 경우, 부모가 자기를 받아들여주지 않는다고 오해할 수 있거든요. 버림받은 느낌이랄까요?

'난 이미 충분히 고통스러운데 엄마(아빠)는 전부 내 잘못이라고 말하는군요.'

'자식을 위하지 않는 부모는 없다'는 말을 아이가 이해하지 못하면 부모가 아무리 "널 위해 매를 든다"고 말해봐야 아이는 그 상황을 인정하지 못하고 억울해할 수밖에 없어요.

분열과 대립, 충돌이 계속되다 보면 안으로 억눌리고 밖으로 폭발하게 돼요. 분명 서로 가장 사랑하는 부모와 자식인데 세상에서 가장 낯선 관계가 되는 거예요.

지나치게 관대한 부모 밑에서 자란 아이는 거절을 당할 때 어떻게 상황을 마주하고 감정을 처리할지 몰라 당황하죠. 또 지나치게 엄격한 부모 밑에서 자란 아이는 거절 앞에서 과하게 분노하거나 슬퍼해요. 이런 아이는 성인이 된 뒤에도 안정적으로 심리적 지원을 해주는 좋은 대상을 찾지 못하면 문제가 커져요. 곤란과 좌절을 겪을 때 아무도 따뜻한 손을 내밀어주지 않는다면 말예요.

고통스러운 시간을 간신히 버티고 있는데 도움을 줄 얼굴이 떠오르지 않고, 전화번호부를 살펴봐도 믿고 아픔을 털어놓을 사람이 없으면 어떻게 될까요. 혼자 산꼭대기에 서서 거센 바람을 견디는 것 같을 거예요. 외롭고 황무지 같은 마음으로 어떻게 '거절당할 용기'를 이야기하겠어요. 기껏해야 '거절당하는 우울함' 정도나 이야기하겠죠.

엄마, 한때 제가 그렇게 황량한 산꼭대기에 홀로 서 있던 아이였다면 엄마 마음은 어떨까요? 슬퍼질까요?

이제는 괜찮아요. 걱정 마세요. 심리학 공부를 하면서 산꼭대기에 있는 제게도 따뜻한 고향으로 돌아가는 길이 열렸거든요.

좋은 대상을 내면화하고 나를 지지하는 아름다운 이미지를 마음에 두려면 대상(주변 사람이나 사물이죠)을 동일시할 수 있어야 한다.

이 말은 우리가 건강하고 좋은 관계를 맺으면서 살려면 다른 사람들과 나를 동일시할 수 있어야 한다는 거예요.

엄마, 이 순간 진심으로 이 교환 일기에 감사하게 되네요. 일기 덕에 엄마를 이해하게 됐을 뿐만 아니라 엄마를 저와 동일시하게 됐거든요. 더불어 엄마도 저를 이해하게 됐고, 엄마가 저에게 느끼는 동일시도 와닿으니 말이에요. 전 이렇게 스스로 연민하는 법을 배우기 시작하나봐요. 🖋

사랑하는 은은아.

부모란 게 참 이상하지 뭐니. 자식이 자라면서 부족했던 것들을 말할라치면 너나없이 이렇게 대꾸하잖니.

"언제 그랬다는 거니? 네가 바라는 건 다 해줬는데!"

또 자식이 상처받은 기억을 끄집어 말해도 얼른 부인하려 하지.

"설마 일부러 너한테 스트레스 주려고 그랬겠니!"

은은아, 내가 따뜻하고 정다운 엄마는 아니었다는 걸, 지금도 네게 하나하나 공감하는 엄마가 아니라는 걸 알고 있단다. 하지만 나는 마음 깊이 너를 사랑하고, 정말 널 자랑스러워하고 있어. 지금의 너라면 그 정도는 이미 이해하고 있으리라 믿어.

실은 엄마도 요즘 고민이 있어.

'어째서 부모와 자식은 이렇게 세대 차이가 클까?'

피는 물보다 진하다고, 분명 한때 뱃가죽 하나를 사이에 두고 의지하던 사이인데, 마치 다른 별에 사는 사람처럼 말 한마디 하기도 조심스럽고 사랑한다는 표현조차 어떻게 하면 좋을지 모르겠다니. 어쩜 이럴까?

은은아, 엄마는 이런 세대 차이를 해결하려면 부모가 자식을 이해해야 하고, 또 자식도 부모를 이해하려고 시도해야 한다고 생각해. 특히 다 큰 자식이라면 그러지 못할 게 뭐 있겠니? 부모들이야 옛날 사람이니 어쩔 수 없이 무게 잡거나 뻣뻣하게 구는 면이 있지. 그런데 아무리 그렇다 한들, 자식들에게 바뀔 가능성 없는 부모로 취급받는 건 좋아하지 않는단다. 한 번 말해서 안 되면 두 번 말하면 되잖니. 두 번 말해도 안 바뀌면 세 번, 네 번 말해주길 바라. 피붙이 사이인데 뭐 어떠니. 알고 보면 무서울 것도 없는걸.

부모가 자식을 자랑하는 건 만고불변의 진리다. 나이 먹은 부모에게 자식이 얼마나 큰 보배인지 이렇게 마음 깊이 깨달을 거라고는 젊을 때는 생각지 못했지만 말이야. 🪶

# 상처를 받아들이는 용기

사랑하는 엄마.

지난번에 '애도' 이야기를 했잖아요. 원하는 것을 얻지 못했을 때 그 슬픔을 드러내면서 스스로 연민하고, 그런 경험을 반복하는 과정에서 어른이 되고 성숙해진다고 말이에요. 이 과정에 중요한 것이 있어요. 소홀히 하면 안 되는 세 가지요.

하나는 지난번에도 이야기한 '거절당할 용기'에요. 오늘은 엄마와 저, 그리고 모두가 행복으로 나아가는 데 필요한 두 번째 키포인트, '상처를 받아들이는 용기'를 이야기하려 해요. 물론 이것도 심리학 공부를 하면서 알게 된 거랍니다.

멜라니 클라인이 처음부터 끝까지 고수한 관점이 하나 있는데요. 유년기 시절 환경에 실망하고 좌절하면 세상 전체에 절망할 수 있다는 거예요. 사랑하는 사람을 의심하기 시작하면 대수롭지 않은 사물들마저 의심스러워진다는 거죠. 이런 실망과 의심은 물론 부모의 양육 방식과 관련이 깊어요. 그런데 누구나 갖는 환상과도 분명 연관이 있어요. 특히 사물에 대한 두려움을 쉽게 증폭시키는 망상 본능, 사랑하는 사람을 집어삼키려는 공격 본능과 밀접하다고 해요.

어찌 됐든 아기는 예민하고 겁 많은, 탐욕스러우면서도 연약한 생명체죠. 이런 어두운 본능에 대항하도록 신은 부모에게 한 가지 기회를 주셨어요. 아기가 태어나기 전부터 부모들이 스스로 민감도를 키우고 단련해 아이가 건강하게 발달하는 데 방해가 되는 지나친 불안을 예방하는 거예요. 그래서 심리학에는 '충분히 좋은 엄마Good enough mother'란 개념이 있어요. '충분히 좋은 엄마'가 하는 일은 아주 간단해요. 젖을 먹일 때마다 우리는 본능적인 모성으로 아이에게 다채로운 표정을 지어보이죠. 아이는 엄마의 표정을 보고 자기 기분을 깨달아요. 마치 거울을 보듯, 미소 짓는 엄마를 보면서 즐거운 걸 알고 감정과 세상과 자기 자신을 알아가요.

심리학자 도널드 위니콧Donald Winnicott★에 따르면 '충분히 좋은 엄마'란 아이의 감정 상태를 식별하고, 그 감정에 정확히 호응하는 비율이 60퍼센트가 넘는 엄마를 말한다고 해요. 60퍼센트, 열 번 중에 여섯 번만 호응하면 합격인데 그게 왜 그리 어려울까요?

정말 쉽지 않아요. 아주 어렵죠. 그렇기 때문에 세상 아기들 상당수가 호응 결핍으로 실패작이 되고 감정 조절에 곤란을 겪는 성인으로 자라는 거예요.

엄마, 이 결과가 무슨 의미인가 하면요, 상처란 남이 나에게 더해준 것이 아니라 오히려 제 기대에 타인이 부합하지 않아 벌어진 결과란 뜻이에요. 다시 말해 성인이 된 뒤에 겪는 곤란은 대부분 스스로 자초한 것인데 거기다 '상처'라는 낭만적인 이름을 붙이는 거죠.

그래서 클라인은 이렇게 말했어요.

이후의 삶에서 뜻 맞는 사람과 만나 잘 살더라도 충족되지 않는 갈망은 여전히 존재할 수밖에 없다. 이 갈망을 굳이 말이나 글로 이해하지 않아도 된다. 다만 가장 궁극적인 갈망은 어머니와의 가장 초기 관계를 만회하는 것이다.

그래요. 아기가 엄마를 보고 엄마가 아기를 볼 때, 별다른 말을 하지 않아도 서로 가장 가깝다는 걸 아는 것처럼요. 이 아름다운 경험이 워낙 크고 인상적이기 때문에 우리는 엄마의 호응 적중률이 10퍼센트밖에 안 돼도 이 10퍼센트의 아름다움을 뼛속 깊이 각인하죠. 그리고 사랑하는 이에게 그만큼을 갈구하는 거예요.

일정한 기준에 이르면 서로 사랑하게 되고, 반대로 그 기준에 이르지 못하면 상처가 되는 건데요. 기준에 이른다는 것은 우리를 정확히 이해하고, 호응이 60퍼센트 이상 된다는 의미예요. 말이나 글은 필요 없죠. 하지만… 엄마와 자식도 그게 쉽지 않은데 한배 속에서 살아본 적 없는 남끼리 이게 가능하겠어요? 매일 학교에서, 직장에서 만나는 사람이나 우연히 길에서 마주치는 사람은 말해 뭐 할까요. 오다가다 만난 사람이 무례하게 굴면 상처를 받는 게 당연하죠.

같이 상상해봐요. 친지의 장례식에 울려 퍼지는 울음소리 때문에 아직 슬픔에서 헤어나지 못한 남자가 막 장례식장을 빠져나오다 휴대전화 벨소리를 들었다고 해보죠. 통화 버튼을 누르자마자 저 너머에서 회사 동료의 목소리가 들려왔어요. 동료는 격한 말투로 업무에 대해 질문을 퍼부었죠. 전화를 끊고 난 뒤 남자의 눈앞에 이 동료와 함께하며 겪은 일들이 주마등처럼 떠올랐어요. 그동안 그 사람이 얼마나 괴롭혔는지가 줄줄이 생각나는 거예요.

'재수가 없는 날이구나.'

남자의 대뇌는 몇 가지를 놓치고 말아요. 자기가 장례식에 참석 중이고, 이미 스트레스가 머리끝까지 차올랐다는 걸 동료에게 알린 적이 없다는 사실을 의식하지 못하게 만든 거예요. 잠재의식도 상대에게 상황을 알려주라며 등 떠밀지 않았고요. 배출구가 닫힌 남자의 마음에서 점점 불안이 끓어올라 응어리가 졌어요. 그리고 내면의 다른 응어리들과 엉겨 상처가 됐죠. 어색한 표현이지만, 제 멋대로 이걸 '상처감'이라고 표현할까봐요.

그래요. 상처는 '사건'이 아니라 '느낌'인 거니까요. 그 때문에 살면서 새롭게 겪는 사건들이 모두 엄마와 보낸 유아기의 경험으로 연결되고, 다시 환상 본능이 작동해 마음속 '상처감'이 확대되는 거고요. 그러다가 아기 때의 경험이 더 이상 지금 기분에 영향을 미치지 않는다는 걸 인지하면 뾰족한 창끝이 지금 만나는 사람을 향하게 돼요.

'저 사람이 날 다치게 한 거야!'

이쯤 되면 우리도 모르게 일과 관계를 냉정하게 보지 못할 뿐더러 두 가지 방어 심리가 발동하기도 해요. 하나는 공포를 부정하는 마음이에요. 감정을 숨기고 이 관계의 중요성을 폄하하면서 무의식중에 이렇게 생각하는 거죠.

'괜찮아. 나에겐 다른 사람들도 있고 다른 관계도 많으니까 굳이 이 사람과 잘 지내려고 애쓸 필요 없어.'

그러면서 의식에 이런 정보를 전달해요.

'앞으로는 이 사람과 거리를 두자. 아예 만나지 않아도 돼.'

그러고 나면 더 이상 이 사람에 대한 나의 마음을 살펴보려 하지 않고, 이 관계에 담긴 진짜 문제를 파악하려 하지도 않아요. 이런 상황에서 종종 보는 결과가 친구와 절교하거나 동료와 멀어지는 거예요. 진심에서 비롯된 선택이 아니라 제대로 갈피를 잡지 못한 결과죠.

다른 하나는 끊임없이 회복을 바라는 마음인데요. 우리는 상처를 준 사람을 바로잡으려 하거나 상처받은 마음을 회복하려들게 마련이에요. 그래서 노력하고 또 노력하며 눈앞의 사람 혹은 상처받은 제 기분을 바꾸려고 안간힘을 써요. 하지만 동시에 무의식적으로 낙심하고 절망하면서 내게 그런 능력이 있는지 의심하죠.

엄마, 이런 상황이 벌어지는 건 다 '상처를 받아들이는 용기'가 부족하기 때문이에요. 누가 얼마나 상처를 줬는지 불평하고 끊임없이 욕을 한다는 건 한때 그가 상대에게 큰 기대를 품고 있었고 어쩌면 지금까지도 내려놓지 못하고 있다는 뜻이에요.

"네가 이런 사람인 줄 몰랐어!"

이 말은 사실 이런 의미죠.

"난 네가 내가 생각하는 그런 사람이길 바랐어!"

그러니까 우리가 괜한 에너지를 써가며 누군가를 욕하는 건 아직 상대에게 일말의 기대가 있다는 뜻이기도 해요.

그래요, 여전히 환상 같은 기대가 남아 있으면 제대로 애도할 수 없어요. 오히려 가장 잔인한 결별을 겪은 이후에나 애도를 하게 되죠. 종종 이런 일이 벌어지고요. 사랑하는 여자에게 한 번도 고백해본 적 없는 남자는 행여라도 사랑받지 못하는 결과를 마주할 자신이 없어 '차라리 고백하지 않고' 환상이나 다름없는 희망을 붙든 채 '가질 수 있을지도 모른다'는 고통 속에서 사는 거예요. 우리는 이런 자학 행동을 로맨틱하다고 말하면서 얼마나 나약하고 어리숙한 노릇인지 자각하려 하지 않아요.

엄마, 제 생각이 너무 잔인하다고 여기실지도 모르겠어요. 어떻게 단호히 잘라내라고 등을 떠미느냐 하실 수도 있어요. 물론 아무 가망 없으니 그냥 절망하라고 할 순 없죠. 하지만 사실 사람 마음은 아주 민감해서, 잃을지 가질지 답은 이미 마음속에 나와 있어요. 다만 잃는다는 실상을 의식의 수면 위로 끌어올리고 싶지 않은 거예요. 그럴 때 가장 좋은 방법이 현실을 벗어나는 거죠.

그렇다면 '상처를 받아들이는 용기'는 어디서 올까요? 제 경험으로 보면 그 시작은 '함께해줄 사람'으로부터 생겨나더라고요. 이를테면 고통 속에 살던 사람이 심리 치료를 받겠다며 저를 찾아오거나, 제가 저를 잘 이해하는 남편을 만난 것처럼요. 또 저를 이해해줄 또 다른 사람, 바로 엄마를 다시 찾은 것처럼 말이죠.

다행히 우리는 '나를 다치지 않게 할 사람'을 찾으려 하지 않았어요. 오히려 '나와 함께 상처를 마주할 능력이 있는 사람'을 찾았죠. 그러니 언젠가는 '상처감' 속에서 나를 위해 우는 법을 배울 거예요. 그런 다음 조용히 기다리겠죠. 다 웃어넘기게 될 그날이 오기를요. 🖋

사랑하는 은은아.

어쩌면 엄마는 네게 상처를 주는 사람일지도 모르겠구나.
하지만 그래도 엄마는 네가 상처를 받았을 때 누구보다 먼
저 너와 함께 있어주고 싶다. 물론 그런 순간이 닥쳤을 때 네
가 필요하다고 말을 해줘야만 엄마는 알 수 있겠지만 말이
야. ✐

# 남의 장점을
# 바로 보는 용기


사랑하는 엄마.

멜라니 클라인은 이런 말을 했어요.

우리는 사랑하는 사람이 죽음으로 우리를 벌하거나 박탈감을 줄까봐 두려움에 빠질 때가 있다. 어머니가 필요한 순간인데 더 이상 어머니가 곁에 계시지 않을 때처럼. 그럴 때 우리는 어머니가 죽음으로 우리를 벌하는 것 같다고 느낀다.

넓은 의미로 보면 우리는 사랑하는 사람을 잃을 때, 심지어 좋아하는 물건만 잃어버려도 어린 시절 부모와 떨어져 혼자 있던 때와 비슷한 기분을 느껴요. 그러면서 무의식중에 '벌을 받는 것일까' 생각하는 거죠. 어쩌면 그런 것들이 나를 향한 공격일지 모른다는 환상을 품을 수도 있어요.

어린 시절에 '여동생이 없어지면 좋겠다'고 생각한 언니가 있었는데요. 그런데 어른이 된 동생이 결혼을 해 외국에 나가 살게 된 거예요. 언니 마음에 다시는 동생이 돌아오지 않을 것만 같았죠. 문득 죄책감이 떠오르기 시작했어요. 여동생이 외국으로 가는 것을 지나치게 아쉬워하고 가슴 아파하기 시작했죠. 그러다 결국 언니는 무의식중에 동생의 부재를 보상하듯 독신으로 부모 곁에 머물러요. 하지만 그렇게 한들, 여동생이 외국으로 떠나면서 생긴 상실감은 해소할 길이 없어요. 언니에게 여동생이 먼 곳으로 떠난 것은 어릴 적 동생이 없어지면 좋겠다고 생각한 것에 대한 벌이나 다름없게 된 거죠.

또 계속 승진을 못 해 우울한 남자가 있는데요. 어렸을 때 바라던 것들이 수시로 부모에게 거부당하곤 했어요. 그런 경험이 내면에 누적된 남자는 승진에 도움을 주지 않는 상사를 불편하게 여기고 무서워하게 됐어요. 날이면 날마다 진급에 대한 기대가 물거품되는 고통을 곱씹죠. 이 무시무시한 느낌은 역시나 어린 시절 벌받을 때의 두려움을 떨치지 못한 결과였어요.

한 가지 더 예를 들어볼게요. 한 여자가 바람을 피웠는데, 어느 날 아이가 학교에서 따돌림을 당한다는 사실을 알게 됐어요. 여자는 무의식중에 아이에게 죄책감을 투사하기 시작해요. 자기가 바람을 피운 죗값으로 아이가 그런 일을 당한 게 아닐까 생각하게 된 거죠.

이런 예는 얼마든지 많아요. 100개도 넘게 들 수 있어요. 그래요, 사람이든 사물이든 뭔가를 잃는 건 필연적으로 겪을 수밖에 없는 일이죠. 하지만 '잃는' 느낌을 쉽게 떨쳐버리지 못하는 이유는 우리가 이걸 무의식중에 '벌받는' 공포에 연결시키기 때문이에요. 사는 내내 그림자처럼 우리를 따라붙는 게 있으니, 그게 두려움, 혹은 무서움이거든요.

이런 무형의 두려움 속에서는 제대로 '애도'하기가 어려워요. 생각해보세요, 엄마. 상실이 일어날 때마다 매번 벌을 받는 기분이라면 세상에 어느 누가 냉정하게 자기 정서나 기분을 살필 수 있겠어요?

클라인에 따르면 벌을 두려워하는 건 엄격한 교육에서 비롯된 결과일 뿐만 아니라 우리에게 내재된 자원이 너무나 빈약하기 때문이에요. 내재된 자원이란 건 앞에서도 말한 것처럼 지난날 경험한 '아름다운 기억'들이죠. 먼 훗날 나를 풍요롭게 하는 '아름다운 기억'은 젖먹이 시절 어머니 품에 안겨 누린 완벽한 만족에서부터 차곡차곡 쌓이기 시작하는데요. 즐겁고 따뜻했던 어머니와의 상호 작용이 마음에 들어오면 깊은 안정감이 뿌리내리고 감사가 싹트죠.

우리 마음에 궁전이 있다고 상상해봐요. 내면의 아이는 궁전의 가장 높은 곳에 앉아 있는 임금님이에요. 사신이 들여온 진상품이 눈앞에 펼쳐져 있네요. 진상품이 끊임없이 들어오면서 부자가 된 내면의 아이는 창고가 텅 빌 걱정 같은 건 하지 않을 거예요. 그리고 가진 것을 기꺼이 나누고 다른 이들로부터 자기가 느끼는 것과 똑같은 감사를 받아요. 궁전 안팎 분위기가 다 같이 좋아지죠. 클라인은 이런 내면의 충족감을 '감사'라고 했어요.

반면 내면세계의 자원이 빈약하면 감사하는 마음이 생길 수 없어요. 자기 것을 누군가와 나눠야 하다니, 빈약한 아름다움마저 깎여나가는 기분이 들죠. 그래요! 내 궁전 형편도 충분치 않은 마당에 울며 겨자 먹기로 나눠줬으면 받은 사람은 더 크게 감사를 보여야 하는 거 아니겠어요? 마음이 가난하면 인심도 야박해질 수밖에 없어요. 아름다움도, 감사도 나누지 못하게 되고 말아요.

맞아요. 우리 마음에 담긴 자원의 질과 양을 높여야 남들과 나누고 감사할 수 있다는 거죠. 그래야 크고 작은 상실에 맞서고, 현실의 아름답지 않은 것들에 맞설 힘이 생기거든요.

그러면 어떻게 하면 좋을까요?

젖먹이 나이는 진작 지났으니 엄마 품만 그리워할 수는 없고 말이죠. 어른들의 세상에서 할 수 있는 건 사실 간단해요. 아름다움을 있는 그대로 바라보는 것. 다른 사람의 아름다움, 내 아름다움, 세상의 아름다움을 곧이곧대로 보는 거예요. 지금까지 세상을 바라보던 안경을 바꾸고, 나 자신을 어린아이처럼 다시 잘 키워 더 많은 것을 풍성하게 느끼게 한달까요.

한동안 '감사 일기'란 게 유행한 적이 있는데 그것과 비슷해요. 날마다 그날의 감사한 일을 적어 신념과 인생을 변화시킨다는 점에서요.

그런데 이게 말이 쉽지, 실천까지 쉽게 이어질 리 없죠. 감사 일기를 쓰던 사람들이 도중에 실패한 이유가 밝혀진

적 있는데요. 이유는 이런 것들이더라고요.

첫째, 끈기를 갖고 지속하지 못하니 감사하는 '습관'을 들일 수가 없다.

둘째, 상당히 중요한 이유인데, 감사의 '정밀도'와 '방향성'에 문제가 생긴다.

하하, 흥미롭죠? 실패한 감사 일기의 예를 들어볼게요.

남편이 오늘 일찍 일어나 아침식사를 차려줘서 감사하다.

시어머니께서 나 대신 아이를 학교에 데려다주셔서 감사하다.

아이가 수학 시험을 잘 봐서 감사하다.

사장님이 내가 쓴 보고서를 통과시켜 감사하다.

엄마, 저 일기들의 문제가 뭔지 아시겠어요? 이 감사 일기에는 죄다 큰 사건만 있어요. 소소한 부분으로 감사가 스며들지 못한 거죠. 이런 사건은 매일 일어나는 게 아니잖아요. 이렇게 되면 계속 일기를 끌고 가기가 어려워질 수 있어요. 좋은 일이 생기지 않으면 감사할 수 없을 테니까요. 다음 날 남편이 아침을 차려주지 않거나, 시어머니가 애를 학교에 데려다주는 걸 잊거나, 아이가 시험을 망치거나, 상사에게 혼이 날 수도 있는데 말예요. 그러면 도리어 어제 감사했던 기억 때문에 더 화가 날 수도 있죠.

이것 말고도 감사 일기를 꾸준히 쓰기가 힘든 이유는 '내게 있는 좋은 점'이 아니라 '다른 사람이 내게 해준 좋은 일'을 적기 때문이에요.

감사하는 과정을 다시 표현해볼게요. 가령 다른 사람의 장점을 보고, 이 아름다움을 마음에 새겨둘 수 있죠. 시간이 흘러 그런 아름다움이 쌓이면서 감사하는 습관이 생기고요. 결국 '감사'란 아름다운 것을 보고 만족하는 마음의 상태를 가리키는 거예요.

누군가를, 무언가를 공감하려는 시선으로 보는 게 중요해요. 빼곡하게 오가는 개미들을 보며 징그럽다 하는 사람도 있지만, 조금 떨어져서 바라보면 근질거리는 듯한 느낌 따위는 들지 않을 거예요. 오히려 일개미 하나하나가 고되게 짐을 나르며 삶을 잇고 있다는, 힘을 합쳐 아름다운 작업을 하고 있다는 걸 깨닫게 되죠. 그들의 수고가 없다면 개미굴은 존재하지 못하고 생태계도 온전하지 않을 테니까요.

감사 일기의 주인공인 제니스 캐플런<sup>Janice Kaplan</sup>의 『감사하면 달라지는 것들<sup>Gratitude Diaries</sup>』에 이런 구절이 나와요.

아침 6시에 눈을 떠 출근 준비를 하는 남편을 바라봤다. 회색 바지에 반듯하게 다린 흰 셔츠를 입고, 푸른 실크 넥타이를 매고 있었다. 나는 조금 갈라진 목소리로 말했다. "당신 오늘 멋진데. 아침부터 안방에서 잘생긴 남자를 보니 기분이 좋네."

고작 30초짜리 감사였지만 제니스는 하루를 잘 지낼 수 있는 좋은 기분을 얻었다고 해요. 또 이런 말도 했어요.

"감사를 하는 것과 감사를 받는 효과는 똑같다."

남의 장점을 바로 볼 용기가 부족하면 수시로 질투가 치밀어 감사하는 능력을 방해하고 말아요. 남이 가진 것과 비교하고 원망하면서 상대적으로 내가 얼마나 부족하고 빈곤한지를 생각하죠. 그러다 보면 결국 마음의 궁전은 원치 않던 분노로 뒤덮여 그곳에 사는 내면의 아이까지 악취를 내

뿜게 돼요. 그런 상황이라면 두려움에 도망치기도 바쁠 텐데, 무슨 여력으로 실의에 빠진 그 아이를 가여워하고 손 내밀어 돌보겠어요?

엄마, 어제 만난 여자 이야기를 해야겠어요. 사회적으로 영향력이 있는 사람인데요, 어느 정도 성공을 하고 이름이 알려진 뒤로는 남들이 자기에게 접근하려 할 때마다 종종 의도를 의심하게 됐대요. 지금까지 힘들게 쌓아올린 인적, 물적 자원을 빼가거나 이용하려는 게 아닌지 미심쩍었던 거죠. 그런데 그 사람이 최근 어떤 프로젝트에 후배를 추천하게 됐다는 거예요. 그다지 마뜩지 않은 일이었지만 좋은 관계를 유지하려고 억지로 인적 자원을 나눠준 거예요. 어차피 일을 성공하기란 쉽지 않으니 아직 어린 후배가 잘해봐야 얼마나 잘하겠나 생각하기도 했다죠.

뜻밖에도 그 자원 나눔, 그러니까 소개 건의 결과는 크게 성공적이었어요. 후배는 여자의 인맥을 고스란히 물려받았을 뿐만 아니라 상대와도 뜻이 딱 맞아떨어져 단숨에 유명해졌거든요. 하지만 저를 찾은 여자는 전혀 기뻐하지 않더라고요. 축하할 일이라는 걸 알면서도 속으로는 자기가 10년에 걸쳐 얻은 성과를 후배가 단박에 넘어서서 낚아챘다고 여긴 거예요. 부정적인 생각과 불만이 머릿속에 가득했어요. 후배만 생각하면 우울해졌죠.

여자의 이야기를 쭉 듣고 저는 그 격한 감정이 사실은 내면의 논리 비약 때문에 현실을 차분하게 점검하지 못한 결과라고 판단했어요. 말하자면 이 사건은 아기 때부터 존재하던 질투 본능만 가져다 적용한 거예요. 이미 어른이 되었음에도 성숙한 논리로 생각하지 못했어요. 사건을 대하는 느낌, 생각, 심지어 후배를 보는 인식도 마찬가지였어요. 제가 물었죠.

"그 후배를 속속들이 잘 아시는 건 아닌가봐요?"

여자가 고개를 끄덕였어요. 그래서 다시 질문했죠.

"후배가 그런 성과를 얻을 만한 자격이 있는지 없는지 합리적으로 판단하신 게 아니군요."

여자는 다시 끄덕였죠.

"당연히 후배가 내 덕에 성공했다고 여기시고요?"

잠시 머뭇거리다 이내 또 고개를 끄덕이더군요.

전 더 이상 아무 말도 하지 않았어요. 눈빛을 보니 골똘히 생각에 잠긴 것 같았어요.

그 후 다시 만났을 때 여자는 전처럼 분노하는 대신 이번에는 몹시 서글프게 울었어요. 무슨 일이 있었느냐고 물었죠. 상담자는 최근 그 후배에 관한 기사를 보고 다시 한 번 후배의 작품을 깊이 살펴봤대요.

"느낌이 어떻던가요?"

제가 물었죠.

"기사마다 후배를 천재적인 예술가라고 묘사했더라고요. 그걸 본 순간 금방이라도 숨이 막힐 것만 같았어요."

전 별다른 말을 하지 않았어요.

"후배의 작품은 정말 좋더라고요."

상담자는 가슴이 찢어지는 듯 소리 내 울었어요. 저는 말없이 곁을 지켰죠. 여자는 눈물을 펑펑 쏟다 이따금 허공을 올려다봤어요. 아, 그러니까 고개를 쳐들고 엉엉 운 거예요.

그렇게 얼마나 지났을까, 이윽고 다시 입을 열었어요.

"후배도 그동안 정말 많이 노력했던가봐요."

엄마, 나중에 그분이 다시 찾아왔는데요. 그렇게 제게 속마음을 털어놓은 뒤 며칠이 지나 우연히 길에서 후배를 마주쳤대요. 그런데 그 순간 문득 후배를 축하할 용기가 나더라는 거예요. 물론 집에 돌아가 다시 엉엉 울긴 했지만요.

"기분이 어땠어요?"

제가 물었죠.

"후련하기도 하고 괴롭기도 했어요. 한 뼘 자란 느낌이에요. 그래도 여전히 마음은 힘들고 괴롭네요."

"힘들고 괴로운 이유가 뭘까요?"

"그렇게 대단한 후배를 보면서 처음부터 좋은 마음으로 대하지 못한 제 모습이 떠올라서요."

여자는 눈가가 붉어지긴 했지만 더 이상 허공을 쳐다보며 엉엉 울지 않았어요. 묵묵히 눈물을 참아냈죠. 저는 그분의 호흡이 달라졌다는 걸 알아챘어요. 여러 차례 만나면서 본 것과 달리 숨을 쉴 때마다 배가 크게, 천천히 오르락내리락했어요. 아기처럼요.

상담자는 기꺼이 다른 사람의 장점을 보기 시작하면서 비로소 자기의 부족한 점을 깨닫게 된 거예요. 그리고 그 덕에 스스로를 연민할 줄 알게 된 거고요.

그래요, 세상에 완벽한 사람은 없고, 항상 충분히 좋기만 할 수도 없어요. 실상 우리는 이상적인 자신과는 거리가 먼 걸요. 아주 멀어요. 언제나요. 하지만 더 이상은 지나치게 노력할 필요가 없어지는 그날까지, 지나치게 애쓰지 않으려고 애쓸 수는 있어요. 🖋

사랑하는 은은아.

엄마는 지금 오로지 한 가지 생각뿐이구나.

'우리 딸 정말 다 컸네.'

굳이 네게 말하지 않아도 될 것 같아.

"은은아, 그 상담자에게 정말 좋은 말을 해줬다, 잘했어!"

왜냐하면 말이다, 돌아보면 너희는 부모가 뭐라 하든 언제나 '충분히 좋다'의 기준이 어디쯤인지 알아서 결정했거든.

은은아, 더 이상 애쓰지 않아도 되는 그날까지 마음 놓고 애써보렴. 🖋

## 이것으로 충분한 나,
## 내 마음에 다시 세우기

사랑하는 엄마.

상당히 흥미로운 얘깃거리를 던져주셨네요. 어떻게 하면 나 스스로 '이만하면 충분하다'고 느낄까요? 하하, 이 주제를 놓고 또 여러 날 동안 책을 뒤졌어요.

제 생각에는, 가족의 영향을 제외하고도 성인이 된 뒤에 여전히 스스로 '충분하다'고 느끼지 못하는 데는 중요한 이유가 몇 가지 있는 것 같아요.

첫째, 우리 내면에서 '나를 소중히 여기'는 마음이 타격을 입은 탓에 어떻게든 내재된 자기애를 보상하려 하기 때문이죠.

둘째, 지나치게 권위를 두려워한 나머지 그 권위를 없애는 가장 좋은 방법은 스스로 '권위'가 되는 거라고 생각하기 때문이에요. 그러다 보니 누군가가 쫓아오면 미처 정상까지 오르지 못할까봐 불안해지는 거예요. 자칫하면 영원히 누군가에게 휘둘리거나 어느 누구의 눈에도 띄지 못할 거라 느끼는 거예요.

셋째, 우리 스스로 사라질지도 모른다는 두려움에 빠지기 때문이죠. 어린 시절 엄마가 곁에 안 계실 때의 느낌이랄까요. 멜라니 클라인에 따르면 아기는 엄마가 없을 때 자기도 안 보이는 것처럼 느낀다고 하네요.

이렇게 '충분치 못한' 느낌에 대항하려면 핵심 원칙 딱 하나만 지키면 돼요.

사람은 누구나 유한하다는 사실, 내 시야는 좁다는 사실을 잊지 말고 항상 최대한 시야를 넓혀야 한다.

우선 저는 거울을 자주 보라고 권해요. "하하, 넌 어떻게 거울도 안 보냐?" 이런 건 물론 아니고요, 잘생겼는지 아닌지 보란 뜻도 아니에요. 거울을 차분하게 들여다보면서 스스로 묻고 답해보라는 거죠.

"거울 본 지 오래됐네. 어떻게 내가 날 제대로 본 적이 없을까?"

"눈가에 주름이 생겼네?"

"언제 팔뚝에 못 보던 점이 두 개나 생겼지?"

거울 속 모습을 '이제 늙었다'는 식으로 뭉뚱그려 표현하지 말고, 자기에게서 발견한 낯선 점들을 기꺼이 마주하는 거예요. 그리고 이런 변화가 왜, 어떻게 일어났는지 찾아봐야 해요.

엄마, 교통사고로 팔에 기다란 흉터가 있는 상담자가 있는데요. 그분은 흉터가 보기 흉하다는 생각에 항상 긴옷을 입어 팔을 가리고, 목욕을 할 때도 자기 몸을 제대로 보려 하지 않았대요. 어느 날 상담에서 교통사고 이야기를 나눈 뒤에 저는 그분에게 신신당부를 했어요. 집에 가시거든 흉터를 똑똑히 보시라고, 거울 속 흉터 위를 기어올라가는 자신을 잘 보아야 한다고 격려했죠. 상담자는 제 말대로 했고, 얼마 뒤 그 시간을 떠올리며 이렇게 말했어요.

"상처를 입은 거울 속 저를 봤는데요, 상상처럼 그렇게 무섭고 괴롭지는 않았어요."

물론 거울로 상처를 보면서 사고 당시의 위험한 순간이

떠올라 견디기 힘들었지만, 그런 상황에서도 목숨을 건졌다는 데 안도하고 감사하게 되더래요.

"흉터가 일깨워줬어요. 어렵게 새 삶을 얻은 제 자신을 소중히 여겨야 한다고요."

그분은 이렇게 자기 '자신'을 바라보는 시야를 넓힐 수 있었어요. 이제는 '타인'을 보는, '세상'을 바라보는 시야를 넓힐 차례가 된 거죠. 앞에서 '다른 사람의 아름다움을 보자'고 말씀드린 적이 있죠. 세상 보는 시야 이야기를 하자니 멜라니 클라인이 언급한 환자 이야기가 생각나네요.

클라인이 치료한 한 남자는 심리적 병인이 비교적 분명한 다른 환자들에 비해 크게 불행하지도 않았고, 심각한 질병을 앓은 적도 없었대요. 게다가 일과 생활 양쪽 모두 상당히 성공한 사람이었죠. 문제가 하나 있다면 아이처럼 늘 외로운 거였어요. 사는 동안 이런 외로움이 사라진 적이 한 순간도 없었다는 거예요. 그런데 그 사람은 결국 대자연에서 답을 찾아 회복했어요.

남자는 한때 자연을 누비며 여행하는 걸 즐겼어요. 숲과 들판을 탐험하며 위로를 얻고 몸과 마음이 충만해지곤 했죠. 하지만 생활의 터전인 도시로 돌아오면 이내 반감이 생겼고,

심할 땐 폐소공포증이 생길 지경이었어요. 마치 밀폐된 공간에 갇힌 듯 불안해지는 거죠.

엄마, 클라인은 굉장히 흥미로운 관점에서 이 남자의 증세를 해석했어요. 한번 들어보세요. 남자는 평범한 어머니의 무난한 양육 아래서 그럭저럭 잘 컸어요. 그런데 클라인은 남자의 마음 깊숙한 곳에서 작은 거스러미를 발견했죠. 남자의 마음 한구석에 어머니의 교육 방식이 엄격하고 원칙적이었다는 불만이 자리하고 있었던 거예요. 하지만 사실 그의 어머니는 한눈에 봐도 몹시 여린 사람이었답니다. 그 때문에 남자는 어머니와 쌓은 즐거운 경험이 적지 않은데도 항상 뭔가에 포위된 듯한 기분이었어요. 남자는 오래전부터 항상 어머니의 약한 심리 상태를 돌보느라 안간힘을 썼는데요. 사실 이 사람은 타고난 장난꾸러기인 데다 짓궂은 면이 있어서 강한 파괴 욕망을 품고 있었던 거죠. 그래서 이런 논리가 형성된 거예요.

'심약한 어머니가 계신 공간은 공기마저 약해지고 만다. 어머니가 계신 집도, 이 도시도 나로서는 자유롭게 즐길 수 없는 곳이다.'

우연찮게 남자는 친구들과 들에 나가 놀면서 대자연이 주는 치유의 힘을 맛보았어요. 새 둥지를 망가뜨리고 나뭇가지를 꺾어도 자연은 웬만하면 훼손되지 않는 듯 보였거든요. 대자연은 모든 것을 포용하고 무슨 행동을 해도 괜찮은 것 같았죠. 쉽게 말해 '대지의 어머니'와 나를 낳고 키워준 '원가족 어머니'가 현격히 달랐던 거예요.

그런데 말예요, 심리학자로서 보자면 이 남자는 자연을 사랑하는 게 아니라 실상 잠재된 파괴 욕구를 투사하는 데 불과했어요. 산과 들로 나가 거친 행동을 함으로써 집에서는 약한 어머니가 다치지 않도록 성미를 조절할 수 있었던 거예요.

엄마, 이건 정말 흥미로운 경우예요. 이 남자는 정말로 어머니에게서 기인한 불만을 투사하면서 자연을 사랑하게 됐을까요? 여기서 제가 깨달은 것이 있어요.

'막다른 곳에 몰리면 어떻게든 빠져나갈 구멍, 살 길을 찾아내게 마련이다.'

그렇기 때문에 가능한 한 시야를 넓혀야 한다는 거예요. 세상을 많이 알면 알수록 마음의 짐을 덜어낼 방법도 많아지니까요. 앞서 남자가 도시 생활에 반감을 느낀 것처럼 행여 일이 왜 이렇게 흘러가는지 알지 못해 머리가 아프다 해도, 우리가 지금 교환 일기를 나누듯 찬찬히 글을 쓰고 꼼꼼하게 정리하면서 대화를 나눈다면 자기 마음에 대해서도 더 넓고 깊게 이해하는 날이 올 거예요.

　한참 이야기하고 보니 드는 생각인데요, 엄마, 이번 주말에 같이 산에나 가면 어떨까 싶네요. 어떠세요? 🍃

지쳤다는 걸 받아들이고

상실을 애도하며

거절과 상처를 인정하고

다른 사람의 아름다움을 발견하는 것,

여기에는 모두 용기가 필요하다.

그래도 꼭 해보기를.

그 기분이 얼마나 끝내주는지!

# 어린 딸에게,
# 그리고 내면의 나에게

사랑하는 샤오칭얼!

엄마가 외할머니와 1년 넘게 주고받은 교환 일기를 네게 주기로 마음먹었어. 언젠가 네가 살아가다가 크게 좌절하는 순간을 맞닥뜨렸을 때, 외할머니와 엄마도 그렇게 절망하고 힘든 적이 있었다는 걸 알려주고 싶었거든. 세상에 나와 사는 건 원래 외로운 일이라고들 하는데, 사실 우리는 한 번도 진정으로 외로운 적이 없었어. 외로운 세상에도 사랑의 용기는 어디에나 있었으니까.

사랑의 용기는 어떻게 키우면 좋을까? 예전에 어느 수업에서 들은 이야기를 해주고 싶어. 공자의 말을 모은 『논어』

「학이편學而篇」에 이런 구절이 나온단다.

學而時習之 不亦說乎 학이시습지 불역열호

有朋自遠方來 不亦樂乎 유붕자원방래 불역락호

人不知而不慍 不亦君子乎 인부지이불온 불역군자호

너도 어디서든 듣게 될 말인데, 사람들은 대부분 첫 문장을 이렇게 풀이할 거야.

"배우고 익히면 즐겁지 않겠는가?"

샤오칭얼, 이 말에는 참 독특한 데가 있어. 엄마는 어릴 때 교과서에서 이 재미없고 외우기 힘든 구절을 보고 시험만 끝나면 몽땅 잊어버리겠다고 생각했거든.

'어째서 꼭 배우고 익혀야만 하지?'

하지만 선생님이 그렇게 공부하라고, 복습하라고 가르치시고 책도 그렇게 말하니까, 어느 순간부터 나도 의문 따위는 접고 무작정 받아적으며 고개를 끄덕였지. 그런데 어느 날, 「학이편」이라는 책에 대해 아주 깊이 있는 이야기를 듣게 됐단다.

그 글귀에서 '學'은 꼭 '배움'이 아니라 '깨달음'을 말한다는 거야. 그러니까 '學而時習之'는 스스로 내 안의 잠재력을 깨달아 때가 됐을 때 제대로 발휘하라는 것이지. 여기서 '때가 됐다'는 말은 서서히 성장하고 발달하는 우리의 정신적인 성숙을 존중하라는 거고.

엄마식으로 달리 말하면 '學而時習之'는 사랑의 용기를 키우는 첫걸음이란다. 내 안에 잠재된 기호와 능력을 알고 적당한 때에 발휘하면 된다는 거야. 네가 돌 지날 무렵 어느 날, 스스로 다리에 힘이 들어가는 걸 느끼고 벌떡 일어나 걷기 시작한 것처럼. 공자는 이런 순간의 느낌을 '不亦說乎<sup>좋지 아니한가</sup>'라고 했어. 진심에서 솟아나는 기쁨을 말하는 것이랄까? 실제로 엄마는 네가 첫걸음을 내디디며 보여준 환한 미소를 또렷이 기억하고 있어.

그렇다면 '有朋自遠方來<sup>친구가 멀리서 오면</sup>'란 말은 사랑의 용기를 키우는 두 번째 발걸음이 되겠지. 뜻이 잘 맞는 사람을 찾는 건 내게 딱 맞는 사회적 위치를 찾는 것과 같아. 이럴 때 온전한 자의식도 서게 된단다.

샤오칭얼, 우리가 살아가면서 꼭 모든 사람의 사랑을 받을 필요는 없다는 것, 그게 왜 그런지 알고 있니? 자의식을 바로 세우도록 도와주는 사람은 뜻 맞는 몇 사람뿐이거든. 진정으로 뜻 맞는 사람과 함께할 수만 있다면 충분히 풍요롭고 안정적으로 성장할 수 있고, '좋지 아니한가'에 이를 수도 있지. 그러면 표정도, 행동도 진짜 아름다운 사람이 될 것이고.

'人不知而不慍남이 알아주지 않아도 서운해하지 않는다면'은 사랑의 용기를 키우는 마지막 발걸음인데, 다른 사람이 오해해도 화내지 않는 걸 말해. 공자가 말한 '군자'란 남에게 의지하지 않고 스스로 독립한 사람을 뜻하는데, 심리학자는 이런 사람을 '온전한 사람'이라고 표현하지.

샤오칭얼, 이렇게 되는 것이 얼마나 힘들고 어려운지 엄마도 잘 알아. 할머니도, 엄마도 다 그런 시간을 거쳐왔고 지금도 계속 그 과정에 있으니까. 조금 지나면 너도 알게 될 거야. 우리 힘에는 한계가 있다는 걸, 그리고 미약하나마 우리의 집중력을 뜻 맞는 사람에게 맞춰야 한다는 걸 말이지. 나머지는 사실 크게 중요하지 않단다.

엄마가

내가 나와 잘 지낼 때

다른 사람을 사랑할 수 있고

남도 너그럽게 이해할 수 있다.


소중한 사람에게서

관심과 사랑, 이해를 받다 보면

나 자신과도 좋은 관계로 발전할 수 있다.


어린 시절 부모와 좋은 관계를 맺지 못해

무의식 깊숙이 원망을 품고 있다면

그로 인해 한때 좌절했다 하더라도

큰맘 먹고 용서해보자.

그 용서를 거쳐야

나도 나 자신과 새롭게, 평화롭게 살 수 있다.

비로소 '사랑'의 진짜 의미를 알게 될 것이며

같은 방식으로 다른 이를 사랑할 수 있을 것이다.


지난날의 원망을 없애려면

나를 알고, 내게 귀 기울이고

그런 다음 표현을 하라.

멜라니 클라인      영국의 정신분석학자. 대상관계 이론을 창시했고 어린이 정신 치료에 처음으로 놀이 치료를 도입했다.

윌리엄 페어베언      영국 의사이자 정신분석학자. 대상관계 이론의 토대를 다졌다. 멜라니 클라인의 이론을 바탕으로 하면서도 정신분석이 지닌 본능에 대한 시각을 비판해 새로운 정신분석학적 대상관계를 발전시켰다.

세라 허디      미국의 인류학자. 인류학과 생물학을 아우르며 모성과 여성(암컷)의 본성을 재검토했다. 낡은 편견에 가려 누락되었던 암컷의 관점을 다윈주의에 통합시켜 진화 패러다임을 양성 모두로 확장하는 역할을 했다.

유진 오닐      미국 극작가. 1936년 노벨 문학상을 수상했으며 『카디프를 향하여 동쪽으로』,『지평선 너머』 등을 썼다.

베르톨트 브레히트      독일 극작가이자 시인.『한밤의 북소리』로 클라이스트상을 받았고 사회 부조리를 작품에 담았다.

린후이인      중화민국 시대 초기, 신월파의 현대 시인이자 건축가로 재능과 미모 모두 빼어났다.

쉬즈모      중국 현대 시를 개척했다. 후스, 뤄룽지 등과 함께 신월파를 조직했다.

량치차오      근대 중국 계몽사상가이자 문학가.

량스청        중국 건축사학자로 '중국 건축의 아버지'로 불린다.

량충제        중국 역사학자이자 환경운동가.

니트족        의무 교육을 마치고도 진학이나 취직을 하지  않고 직
             업 교육도 받지 않고 지내는 사람.

마틴 셀리그먼   학습된 무기력, 낙관주의, 긍정심리학 등의 개념을 제
             시한 미국 심리학자.

범중엄        북송 때 정치가이자 학자. 「악양루기(岳陽樓記)」와 『범
             문정공집(范文正公集)』을 남겼다.

팀 스펙터     영국 킹스 칼리지 런던의 유전역학 교수이자 과학 전
             문 저술가. 쌍둥이 연구의 세계적 권위자.

마이클 미니    신경과학자. 캐나다 맥길 대학교 정신의학과 교수. 주
             로 스트레스, 모성 보호, 유전자 발현 연구로 유명하다.

일레인 폭스    심리학자이자 신경과학자. 옥스퍼드 대학교에서 인간
             의 감정을 과학적으로 연구한다.

도널드 위니콧   영국 소아과 의사이자 정신분석학자. 멜라니 클라인 밑
             에서 연구하며 아이와 어머니의 상호 작용에 주목했다.
             아동 심리 치료와 아동 발달 연구에 업적을 남겼다.

정
세    옮
      긴
경    이

대학에서 국어국문학을 전공하고 베이징 영화대학에서 공부했다. 싸이더스픽쳐스에 근무한 뒤 지금은 중국어 출판 기획자이자 번역가로 활동하고 있다. 『카구야 프로젝트』, 『서른이면 어른이 될 줄 알았다』, 『우리가 나누었던 순간들』, 『진작 이렇게 생각할 걸 그랬어』, 『역향유괴』, 『내 나이 또래, 중년의 당신에게』, 『매일 심리학 공부』, 『집의 모양』, 『야옹야옹 고양이 대백과』 등을 우리말로 옮겼다.

애쓰지 않으려고
애쓰고 있어요

**1판 1쇄 인쇄** 2020년 7월 15일
**1판 1쇄 발행** 2020년 7월 22일

**지은이** 쉬하오이
**옮긴이** 정세경
**펴낸이** 박해진
**펴낸곳** 도서출판 학고재
**등록** 2013년 6월 18일 제2013-000186호
**주소** 서울시 마포구 새창로 7(도화동) SNU장학빌딩 17층
**전화** 02-745-1722(편집) 070-7404-2810(마케팅)
**팩스** 02-3210-2775
**전자우편** hakgojae@gmail.com
**페이스북** www.facebook.com/hakgojae

**ISBN** 978-89-5625-403-6 03180

- 저작권법에 따라 한국 내에서 보호받는 저작물이므로 무단 전재와 복제를 금합니다.
- 이 도서의 국립중앙도서관 출판예정도서목록(CIP)은 서지정보유통지원시스템 홈페이지(http://seoji.nl.go.kr)와
  국가자료종합목록 구축시스템(http://kolis-net.nl.go.kr)에서 이용하실 수 있습니다. (CIP제어번호 : CIP2020027018)